DR. CHRISTOPH AUGNER

IN DER RUHE LIEGT DEINE KRAFT

Wirksame Wege

zu mehr Gelassenheit

in einer lauten Welt

INHALT

EINLEITUNG

Aus Mangel an Ruhe läuft unsere Zivilisation in eine neue Barbarei aus. Zu keiner Zeit haben die Tätigen, das heißt die Ruhelosen, mehr gegolten. Es gehört deshalb zu den notwendigen Korrekturen, welche man am Charakter der Menschheit vornehmen muss, das beschauliche Element in großem Maße zu verstärken.

Friedrich Nietzsche, Philosoph, 19. Jh.

2009, es ist ein schöner Januarnachmittag in New York. Kapitän Chesley B. Sullenberger und sein Co-Pilot machen den mit 150 Passagieren besetzten Airbus für einen Inlandsflug startklar. Nichts deutet auf eine drohende Katastrophe hin. Umso größer ist der Schock: Im Steigflug kollidieren Vögel mit dem Flugzeug. Beide Triebwerke fallen aus, eine Horrorvorstellung für jeden Piloten.

„Ich hatte so viel Angst wie noch nie in meinem Leben", wird Sullenberger später sagen. Dennoch verfällt er nicht in Panik oder in eine Schockstarre. „Das Erste, was wir tun mussten, war, uns zur Ruhe zu zwingen", analysiert er Jahre nach dem Ereignis. Dann ging es darum, die Disziplin zu haben, das Wichtigste zu tun und alles andere zu ignorieren. Ruhig bleiben, Fokus auf die Prioritäten, Aufgabe für Aufgabe durcharbeiten.

Sullenberger und sein Copilot Jeffrey Skiles prüfen rasch die verbleibenden Optionen. Ihnen ist klar: Eine Rückkehr zum Flughafen La Guardia wird scheitern. Die Flugsicherung bietet per

Funk die Landung auf einem nahegelegenen Flugplatz an. „We are gonna be in the Hudson", hört man Sullenberger auf dem Mitschnitt des Funkverkehrs sagen. Der Mitarbeiter am Boden ignoriert diese Aussage und spricht weiter von der Notlandung am Flughafen. Später wird er sagen, er wollte nicht wahrhaben, was er da gehört hat. Kapitän Sullenberger hat entschieden, das Flugzeug auf dem New Yorker Hudson River zu landen – im Wasser. Das riskante Manöver gelingt, alle Passagiere können gerettet werden, wie durch ein Wunder wird kaum jemand schwerer verletzt. Der Kapitän verlässt als Letzter das sinkende Flugzeug auf einem der herbeigefahrenen Boote, nachdem er sich zweimal vergewissert hat, dass alle die Unglücksmaschine verlassen haben.

Sullenberger wurde gefragt: „Wie konnten Sie so ruhig bleiben?" – „Weil die Crew so ruhig war", antwortete er. Ruhe ist ansteckend. Tatsächlich brach trotz der dramatischen Ereignisse an Bord keine Panik aus. Innere Ruhe gab „Sully" Sullenberger die mentale Kraft, um die wichtigen Aufgaben zu erkennen und durchzuführen. Er ließ sich nicht ablenken von seiner Todesangst. Er ignorierte all die elektronischen Signale, Hinweise, Datenübermittlungen, die in einem modernen Cockpit den Routineflug erleichtern. Das alles konnte ihm in dieser Situation nicht helfen.

Sich zur Ruhe zwingen können: Sullenberger, seine Crew und 150 Passagiere verdanken dieser Fähigkeit ihr Leben. Die Macht der Ruhe zeigt sich aber nicht nur in lebensbedrohlichen Situationen, in denen Piloten oder Chirurgen Leben retten. Jeder von uns kann im normalen Alltag sein stilles Potenzial abrufen. Wer vor und während einer schwierigen Prüfung oder einer wichtigen Aufgabe fokussiert bleiben will, muss die Angst vor dem Versagen kontrollieren können, beiseiteschieben. Er muss sich zur Ruhe zwingen können.

Ein Kunde beschimpft einen Verkäufer, er ist offensichtlich außer sich, weil ihm ein defektes Produkt verkauft wurde. Der Verkäufer ist nicht verantwortlich dafür, er hat keinen Fehler gemacht. Er hätte allen Grund, ebenfalls wütend zu werden und zurückzuschreien. Er zwingt sich zur Ruhe. Er versetzt sich in die Lage des Kunden, zeigt Verständnis, weist auf Lösungsmöglichkeiten hin, macht verschiedene Angebote. Er gibt dem Kunden das Gefühl, wieder die Kontrolle zu haben. Es dauert mehrere Minuten, bis er den wütenden Mann beruhigt hat. Doch dann gibt es eine konstruktive Lösung. Am Ende verlässt der Kunde zufrieden das Geschäft. Das ist die Macht der Ruhe.

Der Arbeitstag war lang, ein Problem, das man lösen wollte, hat sich nur verschärft. Entnervt macht man sich auf dem Heimweg, grübelt über die Arbeit nach. Zu Hause gibt es gleich Streit mit dem Partner, weil man so schlecht gelaunt und geistig abwesend ist. Später wälzt man sich im Bett hin und her, an Schlaf ist trotz Müdigkeit nicht zu denken. Viele von uns kennen diese Situationen. Die Macht der Ruhe beginnt damit, sich in der Freizeit gedanklich von arbeitsbezogenen Inhalten zu lösen. Abschaltenkönnen nach der Arbeit – das ist eine wichtige Fähigkeit, die uns zur Ruhe kommen lässt. Die Fachliteratur nennt das psychological detachment. Wer zu Hause die negativen Arbeitsinhalte nicht loslassen kann, schläft schlechter, neigt eher zu Depressivität und körperlichen Problemen. Wer viel zu tun hat, kann die Müdigkeit und Erschöpfung durch das Abschalten reduzieren und seine Beziehungsqualität verbessern. Loslassen-können, das ist die Macht der Ruhe.

Als der römische Politiker Serenus über die großen und kleinen Unzulänglichkeiten im Leben und seine innere Unruhe klagt, gibt ihm der Philosoph Seneca eine denkwürdige Antwort. Er spricht davon, die Seelenruhe, die Gemütsruhe, die Bestandsfestigkeit der Seele wiederherzustellen. Es gehe darum, der Seele zu einem „gleichmäßigen und heilsamen Gang" zu verhelfen, sodass sie „im besten Einvernehmen mit sich" steht und „immer im Zustand friedlicher Ruhe" verbleibt, „sich weder überhebend noch herabwürdigend".

Seelenruhe ist in diesem Sinne eine innere Ruhe, die weitgehend unabhängig ist von den äußeren Wechselfällen des Lebens. Sie ist ein Zustand der mentalen Stärke, aber auch der inneren Balance. Sie verschafft Widerstandsfähigkeit in schwierigen Lebenssituationen, sie hilft aber auch, den Aufmerksamkeitsfokus auf das Wichtige auszurichten. Innere Ruhe verhindert, dass man durch äußere Reize, den Lärm und die Ablenkungen des Alltags durch den Tag getrieben wird. Sie macht uns die zeitliche Begrenztheit des Lebens, unseres Handlungsspielraums bewusst und relativiert die Wichtigkeit jener Dinge, denen wir im Alltag allzu viel Bedeutung beimessen.

Wer innerlich ruhig ist, muss nicht mehr schreien, um alles andere zu übertönen. Wer innerlich ruhig ist, sucht Orte auf, wo es still ist, schöpft Kraft aus einer ruhigen Wohnumgebung, wirkt beruhigend auf seine Mitmenschen. Wer innerlich ruhig ist, schafft eine Umgebung, die äußere Ruhe begünstigt. Wenn es außen ruhig ist, wird wiederum die Entwicklung innerer Ruhe leichter.

In den folgenden Abschnitten geht es darum, unserem Leben die ruhigen Momente zurückzugeben. Sie zu konservieren, wertzuschätzen und weiterzuentwickeln – im vollen Bewusstsein um ihre Bedeutung für ein gelingendes, ein gutes Leben, ein Leben aus ganzem Herzen und mit voller Seele.

Innere Ruhe ist eine machtvolle Kraft, die uns hilft, unser Leben positiv zu gestalten, leistungsfähig und gesund zu bleiben. Dennoch verbringen die meisten von uns den größten Teil ihres Lebens damit, davor wegzulaufen. Darum geht es im Kapitel Warum wir Ruhe vermeiden.

Wir machen die Nacht zum Tag, checken schon vor dem Aufstehen Mails und Newsfeeds. Der Weg zur Arbeit ohne Ohrstöpsel und Musik von der Playlist? Undenkbar. Wir hetzen von Termin zu Termin, besprechen, diskutieren, reden. Wieder zu Hause plaudern wir mit elektronischen Haushaltshilfen. Dann schlafen wir irgendwie mit dem Handy in der Hand vor dem Fernseher ein. Wir lassen uns mitreißen vom Lärm aus unserer Umwelt, sind Getriebene sinnloser Ablenkungen und Sklaven der medial vermittelten Aufgeregtheiten. Wir kommen nicht zur Ruhe, weil wir es selbst gar nicht zulassen. Das untergräbt unsere Leistungsfähigkeit, unser Wohlbefinden, unsere Beziehungen, wir verlieren an Tiefgang. Davon handelt das Kapitel Was wir verlieren.

Die Fähigkeit zur Ruhe ist eine Lebenskompetenz. Noch nie war sie so wichtig wie heute, noch nie wurde sie so vernachlässigt. Innere Ruhe macht uns produktiver, sie lässt uns bessere Entscheidungen treffen, sie hält uns gesund. Ich möchte darauf im Kapitel Warum wir die Ruhe brauchen eingehen.

Es war ein folgenschwerer Moment in der Fußballgeschichte, als sich Gareth Southgate im Elfmeterschießen des EM-Halbfinalspiels 1996 hastig den Ball auflegte. Sekunden später war England ausgeschieden, weil Southgate verschossen und der deutsche Schütze Andreas Möller sicher verwandelt hatte. „Ich hatte zu viele Stimmen im Kopf", erklärte der Engländer später seine Unruhe und Nervosität. Er nutzte später sein eigenes Versagen, um als Trainer seine Mannschaft erfolgreich auf solche Situationen vorzubereiten.

In wichtigen Situationen ruhig bleiben: Das hilft nicht nur im Profisport, in der Wissenschaft und in der Kunst. Auch im normalen Alltag können wir uns etwas vom Umgang von Fußballern, Biathleten, Forschern, Schriftstellern, Therapeuten mit der Ruhe abschauen und für uns nutzen. Innerlich ruhig zu sein, fällt uns oft so schwer. Dabei braucht es oft nur ein paar kleine Änderungen in unserem Tagesablauf, die Ritualisierung von kurzen Phasen des Alleinseins, einen regelmäßigen Spaziergang oder die Bewusstmachung von inneren Haltungen. All das beschäftigt uns in dem Kapitel Die Ruhe kultivieren.

Das Buch ist keine reine Handlungsanleitung und kein Programm. Ich sage Ihnen hier nicht, was sie tun sollen – da gibt es schon genug Bücher, die das versuchen. Ich bin überzeugt, man muss ein Phänomen verstehen, damit man es nachhaltig verändern kann. Dafür braucht es Geduld, Hartnäckigkeit, Kreativität. Sie als Leserin, als Leser entscheiden selbst, welche Geschichten, Gedanken, Impulse, Ideen Sie für Ihren ruhigeren Alltag und ein qualitätsvolles Leben nutzen möchten. Darum geht es im Kapitel Impulse für mehr Gelassenheit.

Doch manchmal braucht man akut mehr Ruhe und einen entspannten Moment, ohne gleich groß über das Leben nachdenken zu können oder zu wollen. Genau für solche Momente habe ich Ihnen im letzten Kapitel ein kleines Notfallset Ruhe zusammengestellt, das Sie jederzeit und ganz unkompliziert verwenden können. Manchmal reichen ganz kleine Anstöße und Tipps (in der Psychologie spricht man gerne von nudges, „Stupsern" oder micro habits, „kleinste Gewohnheiten"), um große Wirkung zu erzielen.

Ihr

Dr. Christoph Augner

WARUM WIR RUHE VERMEIDEN

Viele von uns wünschen sich, mehr „Ruhe zu haben"
oder auch einmal einfach „in Ruhe gelassen zu werden".
Meistens gelingt das nicht. Kein Wunder, denn wer Stille
sucht, geht in direkte Konfrontation zu einer Welt,
in der Lärm und Aktivität alles ist; einer Welt, die die
Rastlosen, die Lauten, die Hektischen belohnt und die
Ruhigen, die Überlegten, die Gelassenen als unproduktiv
abkanzelt.

Paradoxerweise sind die Zustände, in denen wir am ruhigsten
sind, die Zustände, die uns am stärksten beunruhigen.

Stephan Grünewald, Psychologe

Es ist nur eine halbe Stunde von der Stadt hier herauf in das Wellnessresort. Das lange Wochenende nutzen viele, um vor Stress, Hektik, Alltag zu flüchten und einmal abzuschalten. Doch abschalten, wie geht das eigentlich, frage ich mich an diesem Freitagnachmittag in Badehose auf dem Liegestuhl – umhüllt von sanfter Lounge-Musik im sogenannten Ruheraum. Was ich sehe, liefert keine brauchbare Antwort. Ich beobachte ein junges Paar, das gerade den Raum betritt und so laut flüsternd nach einem Platz sucht, dass Flüstern eigentlich keinen Sinn mehr macht. Schließlich werden Liegen verschoben,

Tischchen verrückt. Als ich endlich wieder in mein Buch versinke, erkundigt sich eine Frau bei mir, wo die Saft-Bar ist. Vor mir liegt eine ältere Dame, die unentwegt in ihr Seniorenhandy drückt – leider sind die Tastentöne an.

Ich entschließe mich, ins Wasser zu gehen und eine Runde zu schwimmen. Da gehen mir zwei Fragen nicht mehr aus dem Kopf: Warum ist es so schwierig, ruhig zu sein, selbst an einem Ort, der genau dafür da ist – wie ein Ruheraum im Wellnessbereich? Und: Bringt es überhaupt einen Nutzen, wenn man ruhig ist, oder ist das ohnehin etwas für Langweiler?

Die Art wie wir leben legt nahe, dass Ruhe weitgehend nutzlos ist. Wie sonst wäre es zu erklären, dass wir alles daransetzen, ihr zu entkommen? Schnell kommt Langeweile, ja Leere auf, wenn wir einmal nicht von Werbetafeln, Hintergrundmusik, Lautsprecherdurchsagen, grellen Lichtern umgeben sind. Wenn dann auch noch die Smartphone-Internetverbindung ihren Geist aufgibt, blicken wir hilflos umher: Was jetzt?

Zeiten ohne äußere Impulse oder auch nur mit Fokus auf eine einzige Sache sind die Ausnahme geworden. Das hat gute Gründe. In einer globalen Welt des Konsums von Waren und Dienstleistungen ist Aufmerksamkeit das wichtigste Gut. Wem es gelingt, die Aufmerksamkeit der Konsumenten zu erreichen, wird wirtschaftlich erfolgreich sein. Wer als Anbieter im Strudel des Informationsüberflusses untergeht, hat es schwer.

Die Folge für uns ist eine Aufmerksamkeitskrise, wie der amerikanische Philosoph Matthew Crawford schreibt. Die ständigen Ablenkungen und Zerstreuungen führen zu einer Kultur der Unterbrechung. Kaum ein Gedanke, der zu Ende gedacht wird, kein Gespräch, das nicht unterbrochen wird – durch einen Smartphone-Alert, einen Anruf, eine Textnachricht. Es fällt uns immer schwerer, bei der Sache zu bleiben, etwas wirklich durchzudenken oder auch einmal nur zu sich selbst zu kommen. Crawford spricht von einer „Adipositas der Psyche", unter der wir leiden. Während bei der herkömmlichen Fettsucht immer mehr Fett gespeichert wird, die der Körper gar nicht braucht, sammelt das Gehirn hier exzessiv Informationen ohne Maß und Ziel, ohne die Möglichkeit, etwas davon noch zu verarbeiten.

Es entsteht das Gefühl, dass wir entspannen müssen – eine Sehnsucht nach Ruhe und Stille. Doch wenn es soweit ist, zücken wir erst recht wieder das Handy, suchen nach äußerer Ablenkung und Zerstreuung. Aus Angst vor Langeweile? Wahrscheinlich. Doch das Unbehagen geht tiefer. Der Benediktinerpater Anselm Grün sagt: „In der Stille kommt das Wesen der Dinge zum Vorschein." Die Angst vor der Ruhe ist auch eine Angst vor der „inneren Wahrheit", vor der Auseinandersetzung mit unseren negativen Seiten, unseren Schwächen unseren Unzulänglichkeiten.

Und nicht zuletzt geht es um den Verlust von Orientierung. „Was soll ich tun?", war die moralische Leitfrage des Philosophen Immanuel Kant. Moralische Leitplanken, die allgemein akzeptiert sind, haben sich weitgehend aufgelöst. „Was soll ich tun?" bleibt aber eine zentrale Frage in vielen Lebenslagen. Also schauen wir einfach, was andere machen. Wir kopieren Lebensstil, Kleidung, Essen, Arbeit, Urlaub. Wir machen von allem Fotos, stellen sie online – und geben damit wieder anderen Orientierung, was gut ist und was nicht. Sind wir mit uns allein – in Ruhe –, fällt das alles weg. Ohne äußere Impulse sind wir orientierungslos. Ein Zustand von Ruhe oder Reizarmut ist uns unangenehm und macht uns Angst.

Nicht zuletzt auch deshalb, weil Ruhe kein gutes Image hat. Reden und Kommunizieren gilt dagegen als wünschenswert. In allen Lebensbereichen: Sprechen Sie viel, über sich, Ihre Gefühle, lassen Sie alles raus! Auch im Betrieb lautet die Devise, wer lauter ist, gewinnt. Aussagen wie „Es wird zu wenig miteinander gesprochen", „Wir brauchen mehr Kommunikation", „Es muss einen besseren Informationsfluss geben", oder auch „Wir müssen unsere Message besser rüberbringen" gehören zu den Lieblingsfloskeln im Business.

Ruhe dagegen hat etwas Antisoziales. Schweigen bedeutet Unwissenheit, Schüchternheit, Langeweile. Jemand, der nichts sagt, ist irrelevant, gar nicht da. Schweigen versuchen wir um jeden Preis zu vermeiden. Wenn beim ersten Date beide nichts sagen, wird eine Minute zur Ewigkeit. Es ist peinlich, verursacht körperliches Unbehagen. Es ist grotesk: In solchen Situationen flüchten wir in unsere mobilen Kommunikationsmittel. Und schreiben auf WhatsApp: „Der sagt nichts."

In vielen Fällen nutzen wir die modernen Kommunikationsmittel nicht, weil es nötig ist, sondern weil sie zur Verfügung stehen. Als Mitte des 19. Jahrhunderts in den USA die Infrastruktur für das Telegrafieren entwickelt wurde, meinte der Schriftsteller Henry David Thoreau sinngemäß: Schön und gut, wenn Maine und Texas schnell miteinander kommunizieren können, nur: Was haben die sich schon Wichtiges zu sagen? Nun, es muss ja nicht immer etwas Wichtiges sein und es ist auch nichts falsch dabei, digitale Medien zu nutzen. Es geht nur darum, sich nicht benutzen zu lassen und eben auch Pausen einzulegen.

Mit sich allein sein, zur Ruhe kommen, eine Phase ohne äußere Impulse, das klingt nach längst vergangenen Zeiten. Psychologen und Psychiater bringen Stille und Alleinsein mit Einsamkeit in Verbindung. Und Einsamkeit macht krank, sagen sie. Stille als pathologisches Problem, das behandelt werden muss. Schüchternheit, soziale Angst und Isolation, Persönlichkeitsstörungen und Vermeidungsverhalten sind die krankhaften Folgen des Alleinseins und der Ruhe bei Erwachsenen.

Aber auch Kinder, die gern alleine spielen, geraten oft ins Visier der Seelenärzte. Denn normal ist nur, wer laut ist und immer mit anderen spielen will. Wer Kinder genau beobachtet, merkt bald, dass das nur eine Seite der Medaille ist. Auch sie brauchen Rückzugsmöglichkeiten, Zeit der Verarbeitung. Am Ende eines lauten Nachmittags mit den Freundinnen sagt meine vierjährige Tochter wörtlich: „Ich will jetzt meine Ruhe haben" und zieht sich für eine halbe Stunde zum Bilderbücheranschauen in ihr Zimmer zurück.

Ruhe, Stille, Zeit ohne äußere Impulse – das kann aber nicht nur krankhaft sein, sondern (und das ist in unserer Wirtschaft das Allerschlimmste) es sieht nach mangelnder Produktivität aus. Daher haben wir uns im modernen Büroleben eine Welt geschaffen aus Smartphones, Laptops, Tablets. Der Alltag besteht aus oberflächlicher Geschäftigkeit: Termine, Meetings, Videokonferenzen, PowerPoint-Präsentationen bestimmen den Alltag. Und nicht zu vergessen: eine geradezu zwanghafte Beziehung zu E-Mails. Das hat Folgen, meint der amerikanische

Autor Nicolas Carr. Ständig online zu sein verändert, wie unser Gehirn arbeitet. Die tiefe Verarbeitung von Informationen und längere Konzentration auf einen Sachverhalt wird schwieriger. Wir scannen Informationsstücke, suchen nach Schlagwörtern, scrollen weiter, folgen einem Link und immer so weiter.

Legt man dagegen nach einer Stunde einen spannenden Roman beiseite, braucht man – ganz versunken in die Handlung – ein paar Minuten, um sich Neuem zuzuwenden. Am liebsten möchte man das Gelesene sofort jemandem erzählen. Die ruhige Konzentration auf eine Sache ist der oberflächlichen Verarbeitung in vielen Fällen überlegen. Nach einer Stunde Onlinesurfen hat man oft das Gefühl, gar nichts getan zu haben, es fällt schwer, noch irgendetwas von den Inhalten wiederzugeben. Manchmal kann man sich kaum erinnern, wonach man ursprünglich gesucht hat.

Durch diesen Lebensstil der virtuellen Intensität bringen wir uns immer mehr um nötige Ruhe in unserem Leben und damit auch um Momente tiefer Konzentration, aber auch um Momente tiefen emotionalen Erlebens. Flow-Erlebnisse, ganz aufzugehen in einer Tätigkeit, in einem Gespräch, in einem Aus- oder Anblick wird immer schwieriger und seltener.

In einer Kultur der Reizüberflutung kommt man auch in einer Entspannungssituation nicht wirklich zur Ruhe. Die Fähigkeit dazu kommt uns langsam abhanden. An all dem einfach nur den digitalen Medien die Schuld zu geben, wäre aber zu einfach. Die technologische Entwicklung ist nur Bestandteil einer großen gesellschaftlichen Umwälzung, die bereits in den 70er Jahren von dem Futurologen Alvin Toffler vorausgesagt wurde.

In seinem Buch „Future Shock" beschreibt er, wie die zunehmenden Alternativen und Chancen der Dienstleistungsgesellschaft viele Menschen überfordern und in einer Art Zukunftsschock erstarren lassen. Wie treffe ich die richtige Wahl in einem Überangebot von Möglichkeiten? Psychische Erkrankungen, Substanzmissbrauch, zerbrochene Familien und Verantwortungslosigkeit sind Tofflers Ansicht nach die Folgen der Orientierungslosigkeit.

Er betont demgegenüber eine Fähigkeit, die kaum Beachtung findet: die Kompetenz, das eigene Leben zu gestalten, Pläne zu machen, aktiv zu steuern. Mehr Freiheit von Umwelteinflüssen und zuverlässigere Orientierung ohne Reizüberflutung und endlose Vergleiche mit anderen – dazu können wir selbst etwas tun. In meinem Buch „Selbstoptimierung ist auch keine Lösung" habe ich bereits angesprochen, wie wichtig die Entwicklung eines Wertesystems und die Pflege von Stabilität im eigenen Leben sind; später mehr davon.

„Sagen Sie jetzt bitte nichts" – Loriots berühmtes Zitat taugt als Motto für eine neue Kultur der Ruhe. Und tatsächlich gibt es – vereinzelt, aber doch – Stimmen, die mehr Ruhe einfordern. Selbst aus wirtschaftlicher Sicht ist das sinnvoll: In einer Wissensökonomie, in der viele Routineaufgaben automatisiert werden und nur noch neuartige, komplexe oder qualitativ besonders hochwertige Aufgaben von Menschen durchgeführt werden, wäre der Bedarf nach längeren Phasen stiller Konzentration besonders hoch.

Kreative Leistungen sind häufig Einzelleistungen, die aus Ruhe und Alleinsein entstehen. Isaac Newton, der „Vater der Schwerkraft", lebte ein fast abgeschottetes Leben. Die Philosophen Immanuel Kant und Friedrich Nietzsche pflegten in oft stundenlangen Spaziergängen ihren Gedanken nachzugehen. Der Schriftsteller Franz Kafka notierte in einem Brief an seine Verlobte Felice Bauer, es könne nicht still genug sein beim Schreiben. „Was ich geleistet habe, ist ein Erfolg des Alleinseins", ist er überzeugt.

Stille und Alleinsein können die Verbindung zu sich, zum Leben und zur Welt vertiefen. Der amerikanische Polarforscher Richard Evelyn Byrd reiste im Jahr 1934 allein zu einer antarktischen Wetterstation, wo er meteorologische Aufzeichnungen vornahm. Byrd war eine erfolgreiche und prominente Persönlichkeit seiner Zeit, er hatte keinen Grund, vor etwas zu fliehen. Dennoch bestand er darauf, diesen Auftrag allein auszuführen. Der monatelange Aufenthalt in der Antarktis gab ihm die Möglichkeit, für sich zu sein, zu erleben, wie gut Stille und Alleinsein sich anfühlen. Obwohl er dieses Abenteuer fast mit dem Leben bezahlte, war auch seine spätere Sicht darauf unvermindert positiv: Er habe aus der Antarktis etwas mitgenommen, was er vorher nicht vollständig besessen hatte: Wertschätzung der Schönheit und des Wunders, am Leben zu sein. Er schrieb: „Ich lebe nun einfacher, in größerem Frieden."

Man muss kein Polarforscher oder Genie sein, um von mehr Ruhe zu profitieren. In den USA gibt es eine immer größer werdende Gemeinde von digitalen Minimalisten, die die ununterbrochene elektronische Kommunikation auf das notwendige Maß reduzieren wollen. Die gewonnene Ruhe können für die wichtigen Dinge im Leben genutzt werden. Der Informatiker Cal Newport beschreibt diese Menschen so: „Das sind ruhige, glückliche Menschen, die lange Gespräche führen ohne verstohlenen Blick auf das Smartphone. Sie können mit Freunden und Familie Spaß haben, ohne den obsessiven Drang, alles (online) zu dokumentieren." Im digitalen Minimalismus geht man davon aus, dass man bei neuen Technologien und Anwendungen sorgsam abwägt, ob man sie wirklich braucht, Motto: Ich bediene die Technologie, nicht die Technologie bedient mich.

Wir klagen über den lauten und stressigen Alltag. Gleichzeitig bauen wir uns selbst eine Welt der Unruhe und des Lärms. Aus der äußeren Unruhe wird schließlich eine innere, wenn wir gar nicht mehr abschalten können. Ruhe, soviel steht fest, ist ein knappes Gut geworden. Doch wo die Stille zum Luxus wird, leidet unsere Umwelt und auch wir. Wir verlieren unendlich viel von dem, was das Leben wirklich lebenswert macht.

WAS WIR VERLIEREN

Für die Geringschätzung und Verdrängung der Ruhe aus unserem Leben zahlen wir einen hohen Preis. Wir verlieren Leistungsfähigkeit, Empathie- und Genussfähigkeit. Wir erleben die Welt grauer und eintöniger und können das Großartige um uns herum nicht mehr sehen.

Das ganze Unglück der Menschen rührt allein daher, dass sie nicht ruhig in einem Zimmer zu bleiben vermögen.

Blaise Pascal, französischer Philosoph und Mathematiker, 17. Jh.

Einfühlungsvermögen und Hilfsbereitschaft

Die New Yorker U-Bahn ist ein merkwürdiger Ort. So viele Menschen auf einem Fleck, doch niemand würdigt den anderen eines Blickes. Bloß kein Augenkontakt. Keiner stößt sich an dem blassen Passagier mit Fensterplatz, dessen Kopf bei Gleisunebenheiten gegen die Scheibe schlägt. Dutzende Menschen nehmen neben ihm Platz, erst bei Betriebsende ruft ein Mitarbeiter der Verkehrsbetriebe die Rettungskräfte. Hinterher stellt sich heraus, dass die Leiche stundenlang durch die Stadt gefahren ist.

Je größer die Stadt, desto weniger nehmen wir Notiz voneinander, und so sinkt auch die die Hilfsbereitschaft. Menschen, die auf dem Land leben, stört das besonders. Sind Stadtbewohner gefühlskalt? Mangelnde Hilfsbereitschaft im städtischen Raum ist tatsächlich gut dokumentiert. Wenn mehrere Personen einen Notfall beobachten, sinkt die Verantwortlichkeit beim Einzelnen, weil ja der jeweils andere helfen könnte.

Doch das ist nur ein Teil der Erklärung. Empathie, Einfühlungsvermögen sind anstrengend. Durch die städtische Reiz- und Informationsflut fehlt uns die Energie, um beispielsweise jemandem zu helfen oder sich von einem Bettler in ein Gespräch verwickeln zu lassen. Wir sind nicht aufnahmebereit, sondern schotten uns ab. „Reizüberflutung" ist ein Lebensgefühl. In einer Umfrage berichten drei von vier Teilnehmern, dass ihnen der Input von außen zumindest einmal in der Woche zu viel ist. Ihre große Sehnsucht ist die Entschleunigung des Alltags. Doch mehr Zeit, die Möglichkeit, Dinge langsamer angehen zu lassen, oder ruhige Orte alleine sind nicht genug, um die innere Unruhe zu bekämpfen. Ruhiger, gelassener zu werden ist eine Fähigkeit, die verloren zu gehen droht.

Chronische Hyperaktivität

Die Aufmerksamkeitsdefizit-/Hyperaktivitätsstörung, kurz ADHS, hat in den letzten Jahren traurige Medienprominenz erlangt. Die „Erkrankten" sind Kinder, die in der Schule nicht still sitzen können oder wollen, leicht ablenkbar, ungeduldig, zerstreut, impulsiv sind und ständig von einer Aktivität zur nächsten wechseln. Was ist nur heute mit diesen Kindern los, fragen sich die Erwachsenen, als hätte das alles nichts mit ihnen zu tun. Doch Hyperaktivität bei Kindern entsteht nicht aus dem Nichts.

Es gibt immer was zu tun, lautet die Baumarktwerbung – auch wenn es eigentlich nichts zu tun gibt, möchte man ergänzen. Es ist immer besser, irgendetwas zu tun, als nichts zu tun. Denke nicht, handle, lautet die Devise. Die hyperaktive Gesellschaft arbeitet sich an To-do-Listen ab und taumelt von einer medialen Aufregung in die nächste. Alles ist furchtbar emotional aufgeladen, ein Skandal, eine Katastrophe, eine Frechheit, ein No-Go. „Normales" gerät nicht mehr in den Aufmerksamkeitsfokus. Es herrscht eine „Lust an der Empörung", wie der Philosoph Alexander Grau formulierte.

Gedankenlose Aktivität und andauernde emotionale Erregung sind sicherlich keine gute Grundlage für innere Ruhe. Tatsächlich lässt sich mit einem sehr einfachen Versuch zeigen, welche massiven Auswirkungen der digitalisierte Lebensstil auf unsere psychische Verfasstheit hat. Der amerikanische Sozialpsychologe Kostadin Kushlev lud über zweihundert Studierende zu einem Versuch ein. In einer Woche sollten die Teilnehmer auf dem Smartphone alle Benachrichtigungen einschalten und das Gerät immer bei sich tragen. In einer zweiten Woche wurden alle Benachrichtigungen deaktiviert und die Teilnehmer gebeten, das Handy nicht am Körper zu tragen, sondern außer Reichweite aufzubewahren. Wie vorauszusehen war, wurden die Menschen in der ersten Woche häufiger durch Benachrichtigungen in ihren jeweiligen Tätigkeiten unterbrochen. Je öfter sie unterbrochen wurden, desto häufiger waren sie unaufmerksam oder hyperaktiv, zeigten also genau jene Symptome, die auch bei ADHS-Kindern vorkommen.

Doch das ist nicht alles. Kushlev und seine Kollegen konnten zeigen, dass Unaufmerksamkeit und Hyperaktivität in direktem Zusammenhang zu Produktivität, sozialer Verbundenheit und sogar zur wahrgenommenen Autonomie und Sinnhaftigkeit des eigenen Lebens stehen. Mit anderen Worten: Allein die Benachrichtigungseinstellungen am Handy haben massiven Einfluss auf unsere Leistungsfähigkeit und unsere Lebensqualität. Werden wir bei unseren Alltagstätigkeiten, in der Arbeit, bei einem privaten Gespräch, beim Spiel mit den Kindern ständig unterbrochen oder abgelenkt, kostet das Energie. Jedes Mal muss unser Gehirn nach der Unterbrechung die Aufmerksamkeit wieder zum ursprünglichen Inhalt zurücklenken. Meist dauert das einige Minuten. Dass da beispielsweise die Arbeitsproduktivität leidet, ist kein Wunder.

Chronische Hyperaktivität bedeutet, dass wir die Fähigkeit zur Selektivität, zur bewussten Auswahl von Informationen, und zur willentlichen Konzentration auf etwas oder jemanden verloren haben. Die Aufmerksamkeit springt von einem Inhalt zum nächsten. Eine zentrale Frage für unsere Produktivität, unsere Lebensqualität und ein gelingendes Leben insgesamt ist daher: Wie können wir die Kontrolle über unsere Aufmerksamkeit zurückgewinnen? Wieder selbst entscheiden zu können, was wichtig ist, was oder wem wir unsere ungeteilte Konzentration widmen – genau dafür brauchen Ruhe, zunächst äußere, aber noch viel mehr innere Ruhe.

Konzentrationsfähigkeit

Sie haben bereits gelesen, dass sich im digitalen Zeitalter die Gehirnaktivität verändert hat. Wenn wir Informationen aus dem Internet beziehen, screenen wir die Texte, das heißt, wir lesen nur Bruchteile wirklich. Unser Umgang mit Informationen hat sich verändert.

Doch es geht heute nicht nur um die Frage der digitalen Medien. Ständige Unruhe und Informationsüberflutung führen dazu, dass wir glauben, gar keine Zeit mehr für das Lesen eines Buches, Artikels oder auch die Konzentration auf eine einzige komplexe Aufgabe zu haben. Dass wir der Meinung sind, viele Aufgaben auf einmal machen zu müssen. Multitasking ist eine Grundkompetenz, die man braucht. Manche haben das Gefühl, dass sie sie beherrschen. Die Wahrheit ist: Es ist tatsächlich möglich, mehrere Aufgaben gleichzeitig zu machen, aber es ist nicht effizient und man macht viele Fehler. Bei allem bleiben wir an der Oberfläche, weil Tiefe Zeit und vor allem Ruhe – wieder äußere und innere Ruhe – braucht.

Der Computerwissenschaftler Cal Newport prägte zwei wesentliche Begriffe, mit denen er die Bedeutung der Konzentrationsfähigkeit erklärt. Kognitiv leichte Aufgaben wie E-Mails beantworten, Meetings organisieren oder Telefongespräche führen nennt er shallow work, also oberflächliche Arbeit. Hier ist Multitasking möglich, weil diese Aufgaben nicht unsere volle Aufmerksamkeit erfordern. Davon unterscheidet er Aufgaben, die unsere volle Konzentration in Anspruch nehmen. Das Lösen einer mathematischen Gleichung, das Durchdenken eines komplexen Problems, das Lesen eines Buches, aber auch kreative Prozesse erfordern maximalen Fokus auf eine Sache.

Verlieren wir nun durch ständige Unruhe langsam die Fähigkeit, tiefe Arbeiten ohne Unterbrechung durchzuführen, leiden Qualität und Kreativität unserer Arbeit. Das wiederum ist nicht nur für den Empfänger oder Kunden, sondern auch für uns selbst unbefriedigend. Die Zufriedenheit mit der Arbeit sinkt, und die hängt eng mit unserer Lebenszufriedenheit im Allgemeinen zusammen. Newport weist noch auf einen anderen Aspekt hin: Gerade in einer Arbeitsgesellschaft, die immer stärker auf Wissensarbeit setzt, ist die Fähigkeit, konzentriert zu arbeiten, ein Wettbewerbsvorteil. Menschen, die sich weniger ablenken lassen, können produktiver arbeiten. Es lohnt sich also, ein wenig Ruhe zu kultivieren.

Erlebnisfähigkeit

Ich war wie jemand, der sehr durstig ist: in einer Pause erquickte mich die schaumige Frische der weißen Dolden am Festungswall. Wenn ich die Blumen so still im Sonnenlicht sich breiten sehe, erscheint mir ihr Behagen unendlich tief. Ich fühle, dass sie mit Sätzen und Worten zu mir sprechen, die süß und tröstend sind, und immer ergreift mich Schmerz, dass doch kein Laut von alledem zu meinen Ohren dringt.

Ernst Jünger, dt. Schriftsteller, 20. Jh.

Wir alle möchten das Leben genießen, glücklich sein, dieses Glück spüren. Doch noch stärker als dieser Wunsch ist etwas anderes: Wir möchten dem Schmerz, der unabwendbar Teil unseres Lebens ist, ausweichen. Wir vermeiden ihn, lenken uns ab – und konservieren damit die Unruhe in uns und um uns.

Ruhe entwickelt in uns die Fähigkeit, mehr zu spüren, tiefer zu erleben. Im Eingangszitat Ernst Jüngers kommt diese Fähigkeit zum Ausdruck. Der Autor leidet nicht etwa unter Halluzinationen, wenn er sagt, dass die Blumen zu ihm sprechen. Er fühlt, dass sie es tun. Er nimmt sie als etwas wahr, was ihn betrifft, stellt einen inneren Bezug her zwischen sich und ihnen. Das ist nicht möglich, wenn man achtlos an ihnen vorbeigeht, das nächste To-do, die nächste Aufgabe, das nächste Gespräch, die nächste Textnachricht im Kopf hat. Das geht nur in Ruhe.

Wenn wir uns Richard Evelyn Byrd – den Polarforscher, von dem wir bereits gehört haben – allein im ewigen Eis vorstellen: Was hat er wohl gefühlt in den unendlichen Weiten aus weißem Schnee, begrenzt nur durch den unendlich weit entfernten Horizont? Ehrfurcht? Ein Wort, das so alt klingt, dass es fast peinlich ist. Ein Gefühl, das eine Vertrautheit auslöst, aber auch so weit entfernt ist wie ein Verwandter, den wir jahrzehntelang nicht gesehen haben. Erlebnisse der Ehrfurcht „lenken unsere Aufmerksamkeit weg von uns selbst und erwecken in uns das Gefühl, dass wir Teil von etwas Größerem sind als wir selbst", so die Wissenschaftsjournalistin Summer Allen. Was wir im Alltag um jeden Preis verhindern möchten, nämlich die Kontrolle zu verlieren, das tritt hier ein. Kontrollverlust bedeutet hier nicht Schwäche, im Gegenteil. Der Religionspädagoge Anton A. Bucher nennt sie „Psychologie der Stärke". Ehrfurcht schränkt unseren Handlungsspielraum nicht ein, sie erweitert, ja vertieft unsere Erlebnisfähigkeit.

Für Richard Evelyn Byrd hatten diese Ehrfurchtserlebnisse langfristige Auswirkungen. Mehr Gelassenheit, mehr Ruhe waren das Ergebnis seiner Reise. Bergsteiger, die immer höhere

Gipfel erklimmen, Sportler, die noch schneller sind, Künstler, die noch Größeres schaffen, berichten von Flow-Erlebnissen, in denen völlige Selbstvergessenheit eintritt und man nur noch Gefühl ist.

Tiefes Erleben ist aber nicht nur Hochleistungssportlern und Kreativen vorenthalten. Tiefes Erleben beginnt besonders mit den kleinen Dingen, in denen man immer wieder für kurze Momente erkennt, dass man nur Teil eines größeren Ganzen ist, was eine unheimlich entlastende Erkenntnis sein kann.

Nach einem langen Arbeitstag steige ich eine Station früher aus der Straßenbahn als sonst und nutze Heimweg und schönes Wetter für einen kleinen Spaziergang. Abseits der Hauptverkehrsachsen, auf schmalen Zufahrtsstraßen, kleinen Gehwegen komme ich an schmucken Einfamilienhäusern und mit viel Liebe gestalteten Gärten vorbei. Ich mache mir selbst eine Freude und wähle den Schleichweg über die alte Holzbrücke, die in einen kleinen Park führt. Kurz vor dieser Brücke ist eine kleine Wiesenfläche, und was sehe ich da?

Sie sind zurück! Die Kaninchen sind wieder unterwegs. Jahrelang hatte ein Anrainer sie in einem größeren Garten gehalten. Der war zwar eingezäunt, aber immer gelang es den kleinen Tieren auszubrechen und die Gegend unsicher zu machen. Als meine Tochter noch kleiner war, freuten wir uns daran, wie unsere Karotten von den Kaninchen zusammengeknabbert wurden. Kniend spähten wir in das Gehege und machten uns gegenseitig auf unsere Beobachtungen aufmerksam. „Schau, das kleinste Kaninchen hat sich die große Karotte geholt." – „Sieh nur, Papa, wie sich das braune Kaninchen lustig am Ohr kratzt.

Oh, das Ohr ist ja total schief." Lachen. Das alles fällt mir jetzt ein. Ich nehme mir einen Moment Zeit und beobachte die Tiere, wie sie genüsslich im grünen Gras knabbern. Bis mir einfällt: Ich sollte nach Hause.

ÜBUNG

Wann haben Sie das letzte Mal eine Situation erlebt, in der Sie die Zeit vergessen haben? Wie könnten Sie im Alltag dafür sorgen, dass solche Ereignisse häufiger einfach passieren? Denken Sie an Zeit für ein geliebtes Hobby, Aufgaben, die Sie gerne machen, Sport etc.

Intensives Erleben bedarf keiner aufwendigen Vorbereitungen, teuren Reisen oder gar Expeditionen. Die Welt um uns herum, der Alltag reichen dafür völlig aus. Es liegt an uns, Erlebnisfähigkeit zu kultivieren. Ein gutes Glas Rotwein, eine Fantasiereise, ein Tagtraum, sich aktiv an den letzten Urlaub erinnern, die Zeit bei einem guten Buch vergessen, vor dem Einschlafen noch dem Regen lauschen. Tiefes Erleben geht nicht nebenbei. Muße, Entspannung, Gelassenheit entstehen nicht durch Multitasking nach dem Motto „Und jetzt muss ich mich noch schnell entspannen".

Stress reduziert unsere Wahrnehmungsfähigkeit und unsere Aufmerksamkeit – auch was uns selbst betrifft. Ruhe erweitert diese Fähigkeit und erweckt in uns das Potenzial für neue Ideen, für Kreativität. Die wenigsten innovativen Einfälle entstehen direkt am reizüberladenen Arbeitsplatz, sondern in Ruhephasen.

Vor allem Träume und Tagträume sind die Quelle der Inspiration und Kreativität, aber auch, wenn es einfach darum geht, Probleme des Alltags zu analysieren, Lösungsmöglichkeiten zu entwickeln und in der Fantasie durchzuspielen.

Doch für Fantasie und Träume haben wir heute keine Zeit mehr. Sie haben ein schlechtes Image. Bezeichnen wir jemanden als Träumer, ist das alles andere als ein Kompliment. Das ist jemand, der sich der Realität verweigert, nur Nutzloses oder Unsinniges macht oder sich irgendwie ungeschickt anstellt. Ein Prototyp dafür ist die literarische Figur des Diplomaten Gerhard zum Busche aus Ernst Jüngers Roman „Eine gefährliche Begegnung". Der junge Kerl, der „als Träumer lebte", tritt auf der Suche nach dem „Wunderbaren" in allerlei Fettnäpfchen, bis er sich sogar zum Mordverdächtigen macht. Die übrigen Protagonisten der Geschichte machen sich einen Spaß aus seiner Naivität.

Doch Träume und Fantasie sind nicht so nutzlos, wie sie scheinen. Große Kunstwerke, neue Erfindungen und die Gründung erfolgreicher Unternehmen haben eines gemeinsam: Am Beginn standen häufig Menschen mit einer verrückten Idee, einem Traum. Nicht selten wurden sie dafür von anderen ausgelacht. Doch wer über das Konventionelle hinausgehen und etwas Neues schaffen möchte, braucht die Fähigkeit zur Fantasie, zur bildlichen Vorstellung einer Zukunft, die noch weit weg von der Realität ist. Träume und vor allem Tagträume können eine Art Probe für Ideen, Vorstellungen und unsere Pläne sein. Darüber hinaus bieten sie uns einen Zugang zu dem, „was uns im Innersten zusammenhält", wie Heiko Ernst in seinem Buch „Innenwelten" schreibt.

Wenn wir uns unserer Ruhe berauben, leiden unsere Träume und unsere Fantasie. „Wer unsere Träume stiehlt, gibt uns den Tod", soll Konfuzius gesagt haben. Wir verlieren die Fähigkeit zum tiefen Erleben. Die schöne Landschaft unserer Innenwelt verkommt zu einer grauen, inhaltsleeren Betonwüste. Wir funktionieren zwar noch, hören aber auf zu leben.

Erfüllende Beziehungen

Markus P. ist ein erfolgreicher Mann. Schnell wuchs sich die studentische Idee einer Dienstleistungssoftware zu einer Firma aus. Sie expandierte, Mitarbeiter wurden eingestellt, die Umsätze stiegen weiter. „Spät, zu spät habe ich die Firma verkauft", sagt Markus P. heute. Er ist Anfang 60 und leitet jetzt Work-Life-Balance-Seminare – ein später Ausstieg aus einer stressigen Laufbahn.

Warum zu spät? Er erzählt mir seine Geschichte: Beruflich lief alles toll, er machte ein Vermögen. Der Preis: seine persönlichen Beziehungen. „Eines Tages bin ich morgens aufgewacht und es war niemand mehr da. Meine Frau ist ausgezogen, meine Kinder waren ohnehin schon aus dem Haus. Wenn ich ehrlich bin, war es klar: Ich war selbst nie daheim, hab mich um nichts gekümmert. Ich war meist auch am Wochenende im Büro. Nie bin ich einmal zur Ruhe gekommen, auch in den kurzen Urlauben nicht." Der schmerzliche Höhepunkt: „Als mein Sohn das Studium abgeschlossen hat, war die ganze Familie eingeladen – nur ich nicht."

Heute versucht Markus P. etwas davon wiedergutzumachen, hält den Kontakt zu den erwachsenen Kindern. Bringt sich als Großvater ein und passt sporadisch auf die Enkelkinder auf. „Mir ist aber auch bewusst, dass man bestimmte Lebensphasen nicht zurückholen kann. Wenn man nichts in seine Beziehungen investiert, man nur nimmt und nichts gibt, sich keine Zeit nimmt, bezahlen zuerst die eigene Familie und die Freunde einen hohen Preis, später man selbst. So gut es beruflich gelaufen ist, irgendwie habe ich das Gefühl, gescheitert zu sein", sagt er ohne Selbstmitleid.

Natürlich ist ein Mehr an äußerer und innerer Ruhe keine Garantie, dass man erfüllende Beziehungen führt. Ständige Unruhe aber hat handfeste Auswirkungen. Unsere Fähigkeit, sich in jemand anderen einzufühlen, leidet, wir tun uns schwer, die Perspektive eines anderen einzunehmen oder uns auf ein intensives und intimes Gespräch einzulassen. Ziellose Hyperaktivität und tägliches Multitasking sind wichtige Bestandteile der Unruhe. All die technologischen Entwicklungen der letzten Jahrzehnte hätten das Potenzial, uns diese Unruhe zu nehmen – uns mehr zur Ruhe kommen zu lassen. Stattdessen ist Technologie ein Treiber der Hektik – vor allem deshalb, weil wir sie falsch verwenden.

Jahrhundertelang wurden Innovationen danach beurteilt, ob man damit ein bestimmtes Ziel besser, leichter, effizienter erreicht. Diese Frage wird heute bei technologischen Entwicklungen kaum mehr gestellt. Wir benutzen viele Anwendungen gar nicht mehr, um ein bestimmtes Ziel zu erreichen, wir benutzen sie um ihrer selbst willen. Wir scheinen die Kontrolle über die technologischen Möglichkeiten verloren zu haben. Die Technik kontrolliert uns – nicht umgekehrt.

Ein Alltagsbeispiel: Anna und Tim sitzen am Küchentisch. Anna möchte den kommenden Familienausflug mit Tim besprechen. Tim ist abgelenkt, weil er gleichzeitig auf dem Smartphone eine WhatsApp-Unterhaltung führt. „Was hältst du davon, wenn wir etwas früher aufstehen, damit wir schon um acht wegkommen?", will Anna wissen. „Ja, das können wir machen", antwortet Tim. „Stört dich das nicht, du bist ja am Vorabend mit deinen Freunden verabredet, das könnte länger dauern. Und wenn du dann nicht ausschlafen kannst ..." – „Wie meinst du das?", fragt Tim. „Du, Anna", sagt er dann, ohne vom Smartphone aufzublicken, „ich helfe Martin am Samstag auf der Baustelle, wir haben ohnehin nichts vor und er braucht meine Hilfe." – „Was redest du da? Wir machen am Samstag den Familienausflug, den ich gerade mit dir besprechen will ...!"

Gespräche wie dieses sind keine Seltenheit, egal ob in der Arbeit, in der Partnerschaft, im Café mit einem Freund oder mit den eigenen Kindern. Wir sind zwar körperlich anwesend, aber unsere Aufmerksamkeit liegt nicht exklusiv beim Gesprächspartner. Immer öfter kommt uns die Technik oder etwas anderes dazwischen. Es fällt uns immer schwerer, körperlich und geistig da zu sein. Das hat Folgen für unsere Beziehungen.

Die amerikanische Forscherin Shalini Misra und ihre Kollegen haben alltägliche Gesprächssituationen à la Anna und Tim in einem Experiment nachstellen lassen. Mehrere Dutzend Paare wurden beobachtet, wie sie an einem Tisch sitzend Alltagsthemen besprachen. Die Forscher interessierten sich aber nicht für die Inhalte des Gesprächs, sondern nur für eine einzige Frage: Wo sind die Smartphones der Gesprächspartner? Waren sie sichtbar auf dem Tisch, wurden sie in den Händen gehalten oder waren sie in den Taschen verstaut?

Gespräche, in denen keine Handys sichtbar waren, wurden von den Gesprächspartnern danach als angenehmer eingeschätzt, als wenn Handys auf dem Tisch lagen oder in der Hand gehalten wurden. Die Teilnehmer berichteten zudem von mehr Einfühlungsvermögen, Nähe und Verbundenheit in den Gesprächen, in denen keine Handys sichtbar waren. Wohlgemerkt: Niemand benutzte das Smartphone tatsächlich! Offensichtlich macht allein die sichtbare Präsenz der Geräte ein Gespräch oberflächlicher.

Die Forscher erklären das damit, dass das Handy auch ein Symbol dafür ist, dass man dem anderen nicht die ungeteilte Aufmerksamkeit zukommen lässt, dass man „auf Abruf" ist. Ist man nicht ganz bei der Sache, übersieht man auch die Kleinigkeiten, die eine persönliche Unterhaltung ausmachen, wie etwa Stimmlage, Mimik, Gestik, schließlich auch Inhalte. Der andere fühlt sich unverstanden. Das zerstört nicht nur ein Gespräch, es verschlechtert langfristig die Qualität unserer Beziehungen.

Moderne Technologien ermöglichen uns mehr Kommunikation, keine Frage. Doch sie sind auch eine Quelle von ununterbrochener Unruhe und Angst. Die Angst, etwas zu verpassen, etwas zu versäumen, außen vor gelassen zu werden. Chats, Einträge, Postings geben uns das Gefühl von Nähe, das direkte Kontakte teilweise ersetzt. Das hat einen Preis. Es findet mehr negative Kommunikation statt als im direkten Gespräch.

Das Beziehungsverhalten hat sich verändert: Früher mied man den Kontakt mit Menschen, die man unsympathisch findet. So berichten Ältere von weniger Kontakten mit Menschen, mit denen eine schwierige Beziehung besteht. Jüngere berichten dagegen sogar von mehr Kontakten mit Menschen, mit denen sie ein problematisches Verhältnis haben, als mit sympathischeren Personen. Onlinekommunikation reduziert die Hemmschwelle für negative Kommunikation, Beleidigungen, verbale Gewalt. Wir engagieren uns häufiger im negativen Austausch, werden wütend und aggressiv, verschwenden unsere Energie an Menschen und Situationen, die uns nicht guttun. Dafür gibt es nur eine Lösung: es sein lassen.

Technologische Entwicklungen können unseren Alltag erleichtern. Derzeit sind sie aber vor allem auch Treiber von Unruhe und Alltagsstress. Sie erhöhen das Tempo, wo wir einen Gang zurückschalten sollten, sie lenken uns ab, wo wir konzentriert sein sollten, und sie rauben uns die Zeit, um die Beziehungen mit den Menschen zu pflegen, die uns am wichtigsten sind.

Tiefe Beziehungen brauchen Ruhe, das heißt Zeit und Muße, mit dem Partner, Freunden, Kindern. In unterschiedlichem Ausmaß, ja. Aber ohne geht es nicht. Der Psychologe Guy Bodenmann analysierte die Folgen von Alltagsstress auf Partnerschaften. Er sieht vier große Bereiche, in denen Alltagsstress – also mangelnde Ruhe – nachhaltige Schäden auf eine Beziehung ausüben:

- Stress macht uns zu Einzelkämpfern, er schädigt das Wir-Gefühl.
- Stress verändert und reduziert die Kommunikation, man hört auf, Anteil zu nehmen am Leben des anderen.

- Stress schädigt die Gesundheit, das erzeugt mehr Stress und belastet die Partnerschaft.
- Stress fördert unsere negativen Persönlichkeitseigenschaften: Wir werden zynisch, verständnislos, wütend, aggressiv – nicht unbedingt förderlich in einer Liebesbeziehung.

Vertrautheit, Nähe, Zuneigung und Einfühlungsvermögen sind auch in Freundschaften wichtig. Für die Beziehungsbildung und -aufrechterhaltung braucht es den direkten Kontakt, das persönliche Gespräch, die gemeinsame Zeit. Doch nicht nur das. Auch wenn wir alleine sind, beschäftigen wir uns gedanklich sehr oft mit unseren Beziehungen zu anderen Menschen. Wir bestimmen das Verhältnis zu ihnen, versetzen uns aber auch in ihre Lage, fühlen uns in sie ein. Vermeiden wir diese Ruhephase, indem wir uns ablenken, bringen wir uns um diese wichtige Beziehungsarbeit. Erfüllende Beziehungen ohne die Ruhe, sich auf den anderen einzulassen, sind nicht möglich.

Verlust von Privatheit

Der Mensch ist ein soziales Wesen. Und dennoch – oder gerade deshalb – braucht er auch Phasen des Alleinseins. Schon wenige Wochen alte Babys können oft überraschend lange Phasen nur für sich sein – ohne den Impuls einer anderen Person. Wer sie dabei beobachtet, sieht, wie sie nur daliegen, ihre Beine oder Arme betrachten, einen Gegenstand in ihrer Umgebung fixieren oder vergnügt vor sich hin brabbeln. Wenn man sie in einer solchen Phase unterbricht, passiert es leicht, dass man einfach ignoriert wird.

Was Babys, aber auch ältere Kinder später noch hervorragend können, ist, Reize von außen komplett auszublenden. „Jetzt hast du immer noch keine Schuhe an, hol dir deine Jacke." Ein Kind, das gerade intensiv in der Fantasiewelt eines Spiels ist, blendet die langweiligen Anweisungen der Eltern einfach aus. Wir Erwachsene ärgern uns, fühlen uns ignoriert, schimpfen. Doch Kinder machen nichts anderes, als ihren mentalen, privaten Raum zu schützen. Sie setzen Grenzen.

Privatheit ist zunächst einmal die Möglichkeit und die Fähigkeit, allein, für sich selbst zu sein. Das bedeutet einerseits die Freiheit von den üblichen sozialen Anforderungen und andererseits die Freiheit, die eigenen „mentalen und körperlichen Aktivitäten" selbst zu wählen. Es geht also um die Rückzugsmöglichkeit in eine Komfortzone, die ich in meinem Buch „Selbstoptimierung ist auch keine Lösung" bereits beschrieben habe. Hier haben wir die Kontrolle darüber, wer, was und ob überhaupt jemand oder etwas auf uns Einfluss ausübt, und ein Gefühl der Sicherheit und Geborgenheit.

Privatheit geht aber noch über diese Rückzugsmöglichkeit hinaus. Ohne Privatheit ist Vertrauen und Intimität nicht möglich. Wenn alles öffentlich ist, gibt es ja schließlich nichts mehr, was wir nur exklusiv mit bestimmten Personen teilen.

Wer kennt diese Situation nicht? Der freundliche Sitznachbar in U-Bahn oder Zug, der entgegen den Gepflogenheiten gleich ein Gespräch beginnt. Erfreut über die Abwechslung steigt auf man auf die Unterhaltung ein, bis man schließlich die eigene Statistenrolle bemerkt. In weniger als zwanzig Minuten hat man alles über diese Person erfahren, Krankheiten, Familiensituation, sexuelle Funktionsstörungen, die strengen Eltern. Distanzlosigkeit gilt als Symptom für eine Reihe psychischer Erkrankungen. Es fällt den Betroffenen schwer, um die eigene Privatheit herum Grenzen zu setzen.

Doch abseits des direkten persönlichen Gesprächs scheint es uns allen zunehmend so zu gehen. Der digitale Lebensstil lässt die Grenzen zwischen privat und öffentlich zunehmend verschwimmen. Das Mittagessen, der Sonntagsauflug, das Date werden online gestellt. Selbst wenn man um soziale Medien einen großen Bogen macht, ist es schwierig, sich dieser Entwicklung zu entziehen. Durch ständige Erfassung von Daten zu allem Möglichen werden Dinge zugänglich, die ehemals privat und verborgen waren.

Zeit- und Leistungsaufzeichnungen infiltrieren den Arbeitsalltag, ständig gibt es irgendwo Tests, Feedbacks, Einstufungen. Nicht zuletzt tracken wir uns inzwischen auch selbst: sportliche Leistungen, verbrannte Kalorien, Gewichtsveränderungen, gegangene Schritte pro Tag, all das zeichnen unsere technologischen Helferlein für uns auf. Wege lassen sich aufgrund von Zahlungsaktivitäten und Ortungsdaten nachvollziehen. Per Gesichtserkennung verlieren wir sogar auf der Straße unsere Anonymität. Was autoritäre Systeme heute schon nutzen, wird bald ganz normal von privaten Unternehmen verwendet werden – natürlich nicht ohne von uns eine weitere Pro-Forma-Zustimmung einzuholen.

Die dunkle Vision von George Orwells „1984" – also die Auslöschung aller Privatheit – scheint immer mehr Wirklichkeit zu werden. Die Möglichkeiten sind riesig: Per Hirnscan können

Präferenzen für Produkte und Angebote identifiziert werden, ohne dass man die Person direkt dazu befragt. Forscher arbeiten an der Überwindung der Schnittstelle zwischen Mensch und Computer. Digitale Geräte, Chipkarten und Scanner könnten dann Teil des Körpers werden. Innovative Bildgebungsverfahren könnten Gedankenlesen zur Realität werden lassen.

Da ist es nicht weit hergeholt, wenn einige Wissenschaftler schon die Erweiterung der Menschenrechte fordern. Wenn politische Einstellungen, Sexualität und Glaube über Hirnaktivitätsmessungen ermittelbar sind, müsste uns ein Recht auf mentale Privatsphäre und kognitive Freiheit vor dem Missbrauch unserer persönlichen neurobiologischen Daten schützen. Das Recht auf psychologische Kontinuität soll Schutz bieten vor persönlichkeitsverändernden Interventionen, wie es die Wiener Zeitung schon 2017 vorgeschlagen hat. Doch während die Diskussion über solche Rechte noch in den Kinderschuhen steckt, forschen Neuromarketing-Spezialisten intensiv daran, wie sie die Daten unseres Gehirns für ihre Zwecke nutzen können.

Wenn intimste Gedanken, Wünsche, Bedürfnisse aufgezeichnet und dargestellt werden können, wird nichts mehr privat sein – alles ist öffentlich. Das Ganze wird nicht als schrecklicher Überwachungsstaat daherkommen, sondern Stück für Stück als sinnvolle Innovation. Wer kann etwas gegen personalisierte Produkte haben, die ganz exakt auf unsere Bedürfnisse konzipiert sind? Wer sollte etwas dagegen haben, wenn Zeugen und Verdächtige in Kriminalfällen ganz einfach der Lüge überführt werden können? Was spricht dagegen, Kinder gehirnspezifisch zu unterrichten?

Doch der Preis, den wir zahlen werden für all diese kleinen Nützlichkeiten, wird kein kleiner sein. Wir werden Privatheit aufgeben und zu etwas werden, was heute noch eine Minderheit ist: zu öffentlichen Personen.

In Nikolai Gogols Novelle „Der Mantel" spielt ein Beamter die Hauptrolle, dessen einzige Aufgabe das Abschreiben von Dokumenten ist. Er lebt für diesen Beruf, führt ein zurückgezogenes Leben, ignoriert alles um sich herum und wird auch weitgehend ignoriert. Bis er eines Tages beschließt, sich einen neuen Mantel zu kaufen. Schlagartig wird er zur bedeutenden, öffentlichen Person. Ein Fest wird für ihn gefeiert, kurzzeitig erlangt er das Interesse seiner Mitmenschen. Doch der Glamour ist nur von kurzer Dauer. Schnell flaut das Interesse ab, und dem armen Beamten wird der Mantel schließlich noch bei einem Raubüberfall gestohlen. Der Verlust des Mantels wird zum Verlust seiner Identität. Ist er nicht mehr öffentliche Person, ist er keine Person mehr. Und tatsächlich stirbt er im Laufe der Geschichte an dem seelischen Leid, das der Verlust des Mantels verursacht hat. Fortan geistert er als unruhiges Gespenst umher und versucht, den Lebenden ihre Mäntel zu stehlen.

Würden wir unsere Privatheit mehr schätzen, wären wir weniger auf unsere öffentlichen „Mäntel" angewiesen. Wir hätten mehr äußere und innere Ruhe. Doch dazu müssten wir Dinge auslassen, müssten wissen, was wir nicht wollen, müssten öfter Nein sagen. Herman Melville lässt in seiner Erzählung „Bartleby der Schreiber" den gleichnamigen Hauptakteur immer wieder sagen: „Ich möchte lieber nicht." Diesen Satz sollten wir öfter selbst verwenden.

Wie sehr uns die Unruhe schadet

In Marlen Haushofers Roman „Die Mansarde" beschreibt die Ich-Erzählerin – eine desillusionierte Hausfrau Mitte vierzig – ihren weitgehend ereignislosen, routinierten Alltag. Schreckliche Ereignisse in der Vergangenheit werden dem Leser nur in Andeutungen zugänglich gemacht. Bis man schließlich doch die Wahrheit erfährt. Eine Feuerwehrsirene hat bei der damals jungen Mutter einen vorübergehenden Hörsturz ausgelöst. Ihr Ehemann bringt sie daraufhin zur „Erholung" in eine abgelegene Jagdhütte. Die rätselhafte Handlung kann man als Gleichnis lesen – die Ich-Erzählerin flüchtet in die Taubheit, um endlich Ruhe zu haben. Sie findet in der Stille eine ihrer Persönlichkeit entsprechenden Lebensform.

Doch die Ereignisse sind auch ganz konkret zu verstehen: Extremer Lärm kann zu vorübergehenden oder auch zu dauerhaften Schäden unserer Hörfähigkeit führen. Die Geschichte ist wie das wirkliche Leben. Lärm macht im übertragenen Sinn krank – wenn einfach zu viel von allem auf uns einwirkt. Doch auch ganz konkret ist Umgebungslärm, sei es sozialer Lärm, laute Nachbarn, zu laute Musik, aber auch Verkehrslärm oder Fluglärm schädlich für unsere Gesundheit. Marlen Haushofers Antiheldin erlitt eine Hörschädigung aufgrund eines extrem lauten Einzelereignisses. Noch größere Bedeutung hat aber die chronische Lärmbelästigung, die über die Jahre hinweg ihre schädliche Wirkung entfaltet.

Schätzungen gehen davon aus, dass mehr als die Hälfte der EU-Bevölkerung, die in urbanen Zentren lebt, mit Verkehrslärm in einem Ausmaß leben muss, das eindeutig krank macht. Insgesamt, so eine Analyse der WHO aus dem Jahr 2011, gehen in der Europäischen Union pro Jahr eine Million gesunde Lebensjahre durch Lärmexposition verloren. Wer während der Arbeit dauernd mit Umgebungslärm konfrontiert ist, kann sich nicht konzentrieren – dauerhaft führt das zu Konzentrationsproblemen, auch wenn es dann mal ruhig ist.

Viel schlimmer ist Lärm allerdings für Kinder. Kinder aus Schulen in der Nähe von Flughäfen weisen schlechtere Lernleistungen auf als jene mit ruhigerem Lernumfeld. Besonders langfristig sind die Konsequenzen einer lauten Wohnumgebung auf die Schlafqualität bei Kindern und Erwachsenen.

An Lärm während der Nachtstunden kann man sich nicht gewöhnen. Auch wenn wir irgendwann davon nicht mehr erwachen, registriert unser Gehirn die Störung. Dadurch wird die Schlafstruktur empfindlich gestört. So nimmt die Dauer der tieferen Schlafphasen, die für die Erholung so wichtig sind, ab. Man braucht länger zum Einschlafen und wacht früher auf. Jeder weiß, dass man sich nach einer schlechten Nacht erschöpft fühlt und nicht so leistungsfähig ist.

Eine gute Nacht kann das wieder ausgleichen. Doch ständige Lärmbelastung verändert Stoffwechsel und Ernährungsgewohnheiten und hat negative Auswirkungen auf das Risiko von Herzerkrankungen. Auch auf die Herzgesundheit wirkt anhaltender Lärm direkt. Die akustische Wahrnehmung ist eng verknüpft mit jenen Arealen im Gehirn, die für Stress und Emotionen zuständig sind. Es kommt erwiesenermaßen zur Ausschüttung von Stresshormonen wie etwa Cortisol, zu höherem Blutdruck und veränderter Herzfrequenz.

Ein Teil der Lärmwahrnehmung läuft auch im Wachzustand unbewusst ab, die negativen Wirkungen lassen sich daher nicht einfach durch mentale Tricks abstellen. Der bewusste Teil ist aber von uns durchaus beeinflussbar. Stresserleben ist auch davon abhängig, wie wir die Lärmbelastung bewerten, ob wir uns davon auch wirklich nerven lassen. Ein Beispiel: Ein Bekannter interpretiert den Lärm der Autos, die an seiner Wohnung vorbeifahren, in Meeresrauschen um – das habe fast beruhigenden Effekt.

In der emotionalen Komponente, im Nervigen am Lärm – da liegen unsere Ansatzpunkte, wo wir selbst etwas tun können. Hier können wir die Unruhe und den damit verbundenen Stress reduzieren. Wir schlagen damit zwei Fliegen mit einer Klappe. Indem wir beispielsweise eine Kurzmeditation machen, können wir nicht nur besser mit äußerem Lärm umgehen, wir begegnen auch gleich unserer mentalen Unruhe. Die psychischen und physiologischen Mechanismen von Stress sind hier die gleichen, egal ob die Ursache außerhalb oder innerhalb von uns liegt. Davon mehr im nächsten Abschnitt.

Die menschliche Stressreaktion ist an sich keine schlechte Sache. Sie bringt unseren Körper in eine Art Alarmmodus, der es uns ermöglicht, in einer bedrohlichen Situation besonders leistungsfähig zu sein, beispielsweise, wenn wir vor einer Gefahr davonlaufen oder einen Feind bekämpfen.

In der modernen Welt sind die akuten Bedrohungen von Leib und Leben glücklicherweise seltener geworden. Die Stressreaktion des Menschen hat sich aber kaum verändert. Sie ist auf einen kurzen Zeitraum ausgerichtet, und wenn die Bedrohung vorbei ist, kommen wir wieder in den Normalzustand. Doch die zeitgenössischen Stressoren sind häufig chronisch. Probleme auf der Arbeit, Konflikte innerhalb der Familie oder auch „nur" Umgebungslärm– das alles führt zu einer Stressreaktion. Die Handlungsoptionen, die uns die menschliche Evolution an die Hand gibt, sind aber sehr limitiert. Davonlaufen oder kämpfen sind meist keine gesellschaftlich akzeptierten Aktionen. Der Stress wird zum Dauerzustand und führt zu gesundheitlichen Konsequenzen. Depression, Burnout, Alkohol- und Drogenmissbrauch, Herz-Kreislauf-Erkrankungen können einige der typischen Folgeerscheinungen sein.

Die Quelle unserer Stressreaktion liegt im Gehirn. Die sogenannte Hypothalamus-Hypophysen-Nebennierenachse – unser Stresssystem – ist zuständig für die Ausschüttung von Stresshormonen wie das vorher schon erwähnte Cortisol, die dem Körper besondere Leistungsbereitschaft signalisieren. Dazu wird die Muskulatur vermehrt mit Sauerstoff versorgt, die Herzrate und der Blutdruck steigen. Im Gegenzug werden Verdauungsfunktionen zurückgefahren. Damit das funktioniert, ist dieses System gekoppelt an unsere Wahrnehmung. Bedrohliche Informationen aus unserer Umgebung – wie etwa Lärm – verursachen Unbehagen und Angst. Für die Verarbeitung der Emotionen im Gehirn ist die Amygdala zuständig, sie ist direkt mit der Stressreaktion verbunden. Je stärker sie aktiviert ist – durch das Erleben von Angst etwa –, desto stärker fällt auch die Stressreaktion aus.

Je sensibler die Amygdala auf potenziell bedrohliche Reize reagiert, desto eher lassen wir uns aus der Ruhe bringen. Das können die lauten Nachbarn sein, aber eben auch sorgenvolle

Gedanken an die Arbeit, die ständige Angst, etwas auf den sozialen Netzwerken zu verpassen, oder schwierige Lebenssituationen. Forschungen haben ergeben, dass es mittels Achtsamkeitsmeditation gelingen kann, die Amygdala quasi zu beruhigen, ihre Aktivität zu dämpfen und damit Stress besser zu verarbeiten und gelassener zu werden. Das Interessante daran ist, dass dieser Effekt nicht nur während der Meditation selbst auftritt, sondern nachwirkt. Das bedeutet, dass gezielte Meditation unser Gehirn darauf trainiert, gelassener zu sein.

Bei der Achtsamkeitsmeditation geht es darum, die eigenen Empfindungen und Gefühle besser wahrzunehmen und zu unterscheiden. Bewertungen oder sorgenvolle Gedanken an die Zukunft werden hintangestellt. Man versucht, im Hier und Jetzt zu bleiben. Das verbessert die Entspannungsfähigkeit und die Möglichkeit, wieder ins Gleichgewicht zu kommen, die mentale Unruhe zu reduzieren. Wir gewinnen mehr Kontrolle über unsere Impulse und Emotionen. Dazu später mehr.

Sherlock-Holmes-Liebhaber werden ihn kennen, auch wenn er kaum einmal in ein Abenteuer aktiv eingreift: Mycroft Holmes ist der Bruder des legendären Meisterdetektivs. Sherlock ist schon ein merkwürdiger Kauz, Mycroft übertrifft ihn noch um einiges. Er ist zwar noch intelligenter, scheint aber eher phlegmatisch und mag keine Menschen. Gespräche sind ihm zuwider. Um sie so gut wie möglich zu vermeiden, besucht er regelmäßig den Diogenes Club. Das ist eine Vereinigung von Gentlemen, die gerne und lange Zeitung lesen und keine Plaudereien wünschen, ein Club der ungeselligsten Männer in London, wie Holmes ihn nennt. Es ist verboten zu sprechen, Stille ist oberstes Gebot.

Das Hauptmotiv für Mycrofts Besuche ist die Möglichkeit, im Diogenes Club ohne Ablenkungen nachdenken und reflektieren zu können. Dafür muss das Gehirn in eine Art Ruhezustand, Lärm würde hier nur ablenken. Diese Idee ist nicht nur Teil der Kriminalliteratur in den Geschichten über Sherlock Holmes, sie hat eine wissenschaftliche Entsprechung.

Die funktionelle Magnetresonanztomografie ist eines der liebsten Spielzeuge von Neuropsychologen. Diese Form der Bildgebung ermöglicht, dass man dem Gehirn quasi bei der Arbeit zusehen kann. Konzentriert sich der Proband auf eine Rechenaufgabe, leuchten die entsprechenden Gehirnareale auf, sie repräsentieren die stärkere Durchblutung in diesen Regionen. Es war ein Zufallsbefund, als Forscher entdeckten, dass bestimmte Gehirnareale auch aktiv sind, wenn der Proband gar nichts macht. Die Wissenschaftler nannten das Default Mode Network, Ruhezustandsnetzwerk (DMN). Zunächst dachte man, diese Aktivierungen seien nutzlos – bis man herausfand, dass dem nicht so ist.

In diesen Ruhephasen konzentrieren wir uns nicht auf Aufgaben, sondern tagträumen, machen Pläne für die Zukunft, reflektieren. Bald schon kam der Default Mode in Misskredit, weil er beim Grübeln eine große Rolle spielt und somit mit Depressionen zusammenhängt. Doch die Dosis macht eben das Gift. Zu viel DMN ist schlecht, aber in der richtigen Dosierung kann diese Ruhephase des Gehirns unser Leben bereichern.

Ohne DMN hätten wir kaum kreative Ideen, aber was noch viel wichtiger ist, es ist identitätsbildend. Wir reflektieren soziale Prozesse, Erinnerungen, damit verknüpfte Emotionen, ordnen

Ereignisse, Dinge, Personen in einen Gesamtzusammenhang ein. Der Ruhezustand des Gehirns ist wichtig für unser Selbstbewusstsein, er gibt uns Auskunft darüber, wer wir sind, und ist wesentlicher Teil unserer Persönlichkeit.

ÜBUNG

Entdecken Sie Ihren persönlichen Diogenes Club und trainieren Sie Ihr *Default Mode Network*: Definieren Sie wenigstens einen Tag in der Woche mit Uhrzeit, wo Sie eine halbe Stunde mit niemanden sprechen und nichts Besonderes tun – ein Buch, eine Zeitung lesen, zum Fenster hinaussehen, eine Tasse Tee genießen. Keine Kommunikation, digitale Medien sind tabu. Tragen Sie diese Zeit in den Terminkalender ein, als wäre es ein wichtiges Meeting.

WARUM WIR DIE RUHE BRAUCHEN

Still sein macht Sinn. Das wussten die Menschen zu jeder Zeit. Wir haben es nur vergessen und müssen uns dringend wieder daran erinnern. Innere Ruhe ist eine machtvolle Kraft, die uns hilft, unser Leben positiv zu gestalten, leistungsfähig und gesund zu bleiben.

Im fließenden Wasser kann man sein eigenes Bild nicht sehen, wohl aber im ruhenden.

Laotse, chinesischer Philosoph, 6. Jh. v. Chr.

Ruhe bedeutet auch innere Ruhe

Es gab Zeiten, da wurden Priester im Taoismus nach ihrer Fähigkeit bewertet, wie sehr sie in der Lage waren, für gute Wetterbedingungen zu sorgen. Ein schwieriger Job. Die Vorstellung dahinter hatte wenig mit Magie oder Zauberei zu tun. Im Taoismus herrscht die Vorstellung, dass man einen „Seelenzustand" erreichen kann, in dem es möglich ist, in Harmonie mit den kosmischen Kräften zu leben. Vom sagenumwobene Weisen Laotse sind Zitate überliefert wie „Durch Unruhe verliert man die Übersicht", „Heimkehr zur Wurzel heißt Stille", „Wunschlosigkeit führt zur inneren Ruhe" oder „Stille und Ruhe bringen die ganze Welt ins rechte Maß zurück."

Im Zentrum steht dabei das sogenannte *wu wei*, häufig übersetzt als Nichtstun. Doch hier geht es nicht um Faulheit, sondern um ein abwartendes Bereitsein, um Zurückhaltung. Die Welt ist an sich gut geordnet, die Dinge laufen nur deshalb schief, weil der Mensch durch seine rastlose Aktivität alles durcheinanderbringt. Handeln im Einklang mit der Natur und nicht gegen sie, würde man heute sagen.

Dementsprechend ist die innere Ruhe im Taoismus ein wichtiges Ziel, mit dem es gelingen soll, wieder eins mit der Natur bzw. dem Kosmos zu werden. Das geschieht durch die Kontrolle äußerer Reize, z. B. über Rituale und Meditation, die einer gesunden Psyche dienen. Nur wer innerlich aufgeräumt, also ruhig ist, ist aufnahmebereit für die Energien des Kosmos.

Nichtstun ist sicherlich keine Errungenschaft europäischer Kultur. Dennoch ist die antike Philosophie voll von der Idee der Seelenruhe. Das alte Griechenland war eine bedeutende Zivilisation, dennoch auch ein Ort, an dem Kriege und Zerstörung eine große Rolle gespielt haben. Um die Sicherheit war es nicht immer gut bestellt. Doch bei all den Widrigkeiten, denen man durch seine Mitmenschen ausgesetzt ist, kann man doch – so die philosophische Vorstellung – die eigene Haltung beeinflussen. Die Stoiker prägten die Begriffe Apathie (Leidenschaftslosigkeit), Ataraxie (Unerschütterlichkeit) und Autarkie (Unabhängigkeit) als wesentliche Ziele für die eigene seelische Grundverfassung. Heute dagegen ist Apathie, verstanden als Teilnahmslosigkeit, das Symptom verschiedener Krankheiten.

In der Antike dagegen sah man es als Lebensziel an, es in diesen drei Tugenden weit zu bringen. Der römische Philosophenkaiser Marc Aurel prägte den auch heute noch gängigen Begriff vom Fels in der Brandung. Ein ruhiger, ausgeglichener Mensch lässt sich durch die Wogen des Meeres nicht beeinflussen. Sein Seelenleben ist davon unabhängig.

Der Skeptiker Pyrrhon sprach in diesem Zusammenhang von der „Meeresstille der Seele". Und er lieferte dazu gleich selbst eine der denkwürdigsten Anekdoten der Philosophiegeschichte: Pyrrhon befand sich an Bord eines Schiffes, als ein Sturm aufzog. Die Passagiere geraten in Panik, nur Pyrrhon blieb vollkommen ruhig. Darauf angesprochen, verwies er ein auf mitgereistes Schwein, das in aller Ruhe weiterfraß und sich durch den Sturm nicht ablenken ließ – ein Modell an Unerschütterlichkeit.

Wenige Jahrzehnte nach Christi Geburt hatte ein gewisser Annaeus Serenus eine wichtige Funktion im antiken Rom: Er war Chef der Feuerwehr. Weil in der Hauptstadt ständig irgendwo Brände ausbrachen, war dieser Job besonders stressig. Vielleicht war Serenus auch nicht der richtige Mann dafür, jedenfalls war er voller Selbstzweifel, hatte das Gefühl, seinen Aufgaben nicht gerecht zu werden, und wollte sich aus dem öffentlichen Leben zurückziehen – ein antiker Burnout-Fall. Glücklicherweise hatte er einen klugen Freund, den Politiker und Philosophen Lucius Annaeus Seneca.

Ihr Briefwechsel ist antike Literaturgeschichte, Seneca zeigt sich hier als weiser Ratgeber. Er gibt Serenus Ratschläge, wie „man der Seele zu einem gleichmäßigen und heilsamen Gange verhelfen kann". Zunächst wird die Seelenruhe durch Menschen gefährdet, die unsere Zeit verschwenden. Daher gilt es, im zwischenmenschlichen Umgang wählerischer zu sein. „Wir dürfen nicht unnütze Ziele verfolgen", schreibt Seneca weiter. Für die Seelenruhe unerlässlich: die Grenzen des eigenen Wirkungsbereichs kennen. Mit Gelassenheit jene Dinge akzeptieren, die wir nicht ändern können. Und sich auf die Dinge konzentrieren, die wir unter Kontrolle haben.

Seelenruhe ist also wesentlich innere Ruhe. Ruhe oder ein Mangel davon wird von unserem Inneren gesteuert. Doch es ist nicht nur die innere Haltung. Äußere Unruhe kann unsere innere Ruhe beeinflussen und aus dem Gleichgewicht bringen. Aber – so die Botschaft von Seneca – wir sind dem Lärm unserer Umwelt nicht einfach ausgeliefert. Wir haben die Möglichkeit, unsere Umwelt, den Umgang mit unseren Mitmenschen und unsere Ziele so zu wählen, dass wir unsere innere Ruhe behalten.

Ruhe als Lebenskompetenz

Was für die Menschen der Antike galt, hat auch heute noch seine Gültigkeit. Ruhe ist eine Lebenskompetenz. Sie zu erlernen und zu pflegen ist eine lohnenswerte Aufgabe, weil ein Mehr an Ruhe wertvoll für unsere Lebensqualität, aber auch für unsere Leistungsfähigkeit ist.

Damit kann man nicht früh genug beginnen. Schon Kindergartenkinder sind oft mit einer wahnwitzigen Agenda konfrontiert: verplante Tage, kaum Zeit für freies Spiel, umgeben von einer Multimedia-Umgebung – kein Wunder, dass selbst ein kurzer Moment ohne Aktivität die Kleinen schon unruhig werden lässt.

Ruhe, Stillsein muss man lernen. „Sitze nicht einfach, tu etwas" ist ein Slogan unserer Zeit, die Montessori-Pädagogik dreht das auch gerne mal um: „Tu nicht einfach irgendwas, sitze einmal." Mit spielerischen Impulsen werden die Kinder dazu animiert, auch einmal gar nichts zu tun. Zu versuchen, ganz ruhig zu sein, etwas zu beobachten, auf Hintergrundgeräusche zu achten. Bewusst wahrzunehmen: das Rascheln der Blätter, die Sterne des Nachthimmels, die untergehende Sonne. Wenn Kinder alleine etwas zeichnen oder anmalen, wirkt das oft, als würden sie gerade meditieren – sie sind fast nicht ansprechbar.

Fantasie und Kreativität entwickeln sich nur, wenn die Phasen der Aktivität immer wieder durch jene der Ruhe unterbrochen werden und die Möglichkeit und Fähigkeit besteht, das Erlebte mit sich selbst in Beziehung zu setzen.

Doch Stille kann noch mehr. Sie ist ein effektiver Stressmanager. Sie zwingt uns zum Fokus auf die Gegenwart, zur Selbstreflexion und gibt uns Gelegenheit, Wissen und Potenziale abzurufen, von denen wir selbst noch gar nichts gewusst haben. Ruhe schult unsere Konzentrationsfähigkeit. Wer sich bei den Hausaufgaben ständig von seinen Gedanken ablenken lässt, hat noch keine innere Ruhe entwickelt.

Tagträumen, fokussierte oder weniger fokussierte Meditation, das Flow-Erleben bei der Beschäftigung mit einer Aufgabe gibt uns Unabhängigkeit von externen Reizen. Wir sind bei uns oder bei einer Sache, aber nicht mehr aufnahmefähig für alles Mögliche. Aus der Neuropsychologie wissen wir, dass diese unterschiedlichen Zustände der mentalen Ruhe wichtige Funktionen haben. Hier werden eigene Gedanken, Einstellungen, Entscheidungen, der eigene Charakter einer Beurteilung unterzogen. Das ist wichtig für zahlreiche psychische Funktionen. Neue Inhalte müssen in die bestehende Wissensbasis integriert werden, für die Entwicklung der Intelligenz sind diese Phasen der Stille daher besonders wichtig.

Stille hat auch eine moralische Dimension. Es sind die ruhigen Minuten, in denen uns das schlechte Gewissen plagt. Habe ich das wirklich richtig gemacht? Habe ich jemandem Unrecht getan? War das wirklich nötig? Ohne Ruhe würden wir Fehler wiederholen, wichtige Entscheidungen impulsiv treffen. Kreatives Problemlösen braucht stille Phasen. In Ruhe können wir zukünftige Ereignisse und Ergebnisse simulieren. Wir können unsere Gedanken sortieren und ordnen, Zusammenhänge und komplexe Probleme besser verstehen.

Was am wichtigsten ist: Ruhephasen helfen uns, Ereignisse, Beziehungen, Erlebnisse in einen persönlichen Gesamtzusammenhang zu bringen. In Ruhe schreiben wir unsere Lebensgeschichte, Ruhe gibt uns Identität und Sinn.

Ruhe macht uns produktiver

Im Sommer 1755 hatten die venezianischen Staatslenker genug und ordneten die Verhaftung eines der berühmtesten Söhne der Stadt an: Giacomo Casanova, der berühmte Frauenheld, Verführer und hauptberufliche Nichtsnutz. Nicht dass er ein Verbrechen im klassischen Sinn verübt hätte, doch sein Weg war gekennzeichnet durch Respektlosigkeit für die Regierenden, ein loses Mundwerk, unzählige Liebschaften und Skandale im italienischen Stadtstaat.

Der Lebemann fand sich in einer kleinen Zelle der gefürchteten Bleikammern des Dogenpalasts wieder, um ihn herum nichts als Stille. Eine einmalige Situation in seinem Leben. Casanova war das Gegenteil eines ruhigen und besonnenen Menschen. Er war laut, extrovertiert, selbstverliebt, begann alles Mögliche und brachte nichts zu Ende, war zerstreut und wenig fokussiert. Doch nach anfänglicher Verzweiflung begann er die Situation zu nutzen. Er las und dachte über sein bisheriges Leben nach. Und er tat noch etwas viel Wichtigeres: Er fasste den Entschluss zur Flucht. Die Stille der Haft wurde zur Quelle eines von langer Hand geplanten Ausbruchs, dessen Erfolg in die Geschichtsbücher einging.

Akribisch inspizierte Casanova die Sicherheitslücken seiner Zelle. Geschickt nutzte er die Schwächen von Wärtern und Mithäftlingen. Er besorgte sich Werkzeug und ließ sich auch von einem Fehlversuch nicht entmutigen. So fokussiert und konzentriert agierte Casanova weder vor noch nach seiner Haft. Nach mehr als einem Jahr gelang ihm, was noch niemals zuvor geklappt hatte: Casanova konnte über ein von ihm gebohrtes Loch in einen Dachboden steigen. Von dort ging es aufs Dach und über ein Fenster in einen anderen Gebäudeteil. Gemeinsam mit einem Mithäftling spazierte er schließlich aus dem Dogenpalast hinaus, als wäre er gerade als Gast gekommen. Einen Plan mehr als ein Jahr zu verfolgen und zum Erfolg zu bringen – dafür war Konzentration nötig, aber auch Durchhaltevermögen und Fantasie. Beides sind Fähigkeiten, die uns Ruhe und Stille in besonderem Maß lehren.

Kreativität und Fantasie sind nicht nur wichtig, wenn man gerade einmal aus dem Gefängnis ausbrechen will. Sie sind wichtige Fähigkeiten, die unser Leben reicher machen. Jede Aktivität, die auf die Zukunft gerichtet ist, erfordert Fantasie, also die Vorstellung einer Situation oder eines wünschenswerten Zustands, der noch nicht eingetreten ist. Kreativ verbinden wir Altes aus verschiedenen Kontexten zu etwas Neuem und entwickeln vielleicht einen einzigartigen Lösungsweg für ein Problem. Ohne diese Kreativität und Fantasie wären unternehmerisches Denken oder neue wissenschaftliche Erkenntnisse nicht möglich.

Doch in vielen Unternehmen, ja selbst in den Hochschulen und Universitäten ist der Arbeitsalltag nicht so gestaltet, dass kreative Arbeitserfolge begünstigt werden. Meetings, Workshops, endlose Diskussionen über sachlich kleine Probleme. Dazwischen: Anrufe, Videokonferenzen, unzählige E-Mails. So wichtig Kommunikation in der Wissenschaft ist, kreative produktive Leistungen sind oft Einzelleistungen, das Resultat einer Phase des Alleinseins, der Stille.

Die kanadische Erwachsenenpädagogin Jane Dawson schildert, wie der Besuch eines Meditationskurses für sie zum Augenöffner wurde. Es gibt verschiedene Formen der Meditation, wir werden später darauf zurückkommen. Doch eines haben sie gemeinsam: Wir lernen unsere Aufmerksamkeit zu steuern, achtsam im Hier und Jetzt zu sein, zu filtern. Schweifen die Gedanken wieder ab, führt man sie wieder bewusst in die Konzentration auf die Gegenwart. Meditation ist eine Schule der inneren Stille.

Als Dawsons erste Meditationsstunde zu Ende war, fühlte sie sich frisch und klar, nicht mehr erschöpft und zerstreut. Gerade in ihrer akademischen Arbeit braucht sie Fokus, Konzentration und klares Denken. Umso wichtiger wären längere Phasen ununterbrochene Stille zum Lösen komplexer Aufgaben, zum Verfassen wissenschaftlicher Arbeiten oder zum Lesen von Fachbüchern.

Doch dafür ist im akademischen Alltag kaum Platz. Viele Lehrende und Forscher sind den größten Teil des Tages mit oberflächlicher bürokratischer Arbeit konfrontiert, vieles davon unter der Überschrift „Qualitätssicherung". Es werden Richtlinien erstellt und befolgt, Formulare ausgefüllt, Feedbackbögen analysiert, Anträge gestellt.

Dadurch fehlt die Ruhe, die es braucht, um die echte Qualitätssicherung zu machen, nämlich jene der Forschung. Ein wichtiges Instrument dafür ist das so genannte Peer-Review-Verfahren. Wissenschaftliche Arbeiten, beispielsweise die Beschreibung von experimentellen Studien, werden nicht einfach veröffentlicht, sondern durchlaufen vor der Publikation in einem Fachjournal ein mehrstufiges Begutachtungsverfahren. Experten aus demselben Fachgebiet lesen die Arbeit, machen Verbesserungsvorschläge und kritisieren – zum Teil sehr hart. Der Sinn ist, die Arbeit besser zu machen, bevor sie veröffentlicht wird. Hat die Studie aus Sicht der Gutachter Qualitätsmängel, wird sie abgewiesen.

Doch um fremde Forschungsarbeiten zu lesen, braucht es sehr viel Zeit. Fundierte Vorschläge lassen sich nur machen, wenn man sich intensiv und in Ruhe mit allen Aspekten der Studie beschäftigt hat. Doch genau diese Zeit haben Forscher kaum noch. Ein Qualitätsproblem für die Forschung insgesamt: Die viele bürokratische Arbeit bleibt meist an der Oberfläche und hemmt das kreative Denken.

In früheren Zeiten konnten sich Forscher mehr Ruhe leisten. Wir haben schon Isaac Newton kennengelernt, den Entwickler der Gravitationstheorie, bei dem die Aussage „er führte ein zurückgezogenes Leben" noch eine Untertreibung ist. Ähnliches gilt für die Philosophen Sören Kierkegaard oder Friedrich Nietzsche. Albert Einstein war trotz seines späten Ruhms ein scheuer Einzelgänger, der lieber für sich war und arbeitete. Der Psychologe C. G. Jung war ebenso ein Mensch, der auf seine innere Welt ausgerichtet war und sich für die Arbeit an seinen Büchern in Einsamkeit und Stille zurückzog.

Was für die besten Forscher der Welt funktioniert, können auch wir nutzen. Um produktiv zu sein, etwas für andere zu schaffen, ja ein sinnerfülltes Leben zu führen, benötigen wir zusammenhängende Phasen der Ruhe und des Alleinseins. Wir haben schon vorhin von ihm gehört: Der amerikanische Computerwissenschaftler Cal Newport brachte es mit seinem Buch „Konzentriert arbeiten" („Deep Work") auf den Punkt: tiefe, konzentrierte Arbeit. Das bedeutet: Tätigkeiten am oberen Ende unserer Kompetenzen erfordern diese tiefe Konzentration. Reine Routinetätigkeiten sind lediglich oberflächliche Tätigkeiten, die keine besondere Aufmerksamkeit erfordern und häufig in Form von Multitasking erledigt werden.

Newport meint sinngemäß: je mehr „Deep Work" pro Tag, desto produktiver – denn das sind die Tätigkeiten, die letztlich den

Unterschied ausmachen, zumindest in den Branchen, wo es um Wissensarbeit geht. Fokus und Konzentration sind nicht nur in der Arbeit wichtig. Stille kann das Fundament für mehr Produktivität in allen Lebensbereichen sein. Sie macht uns fokussierter, gibt uns mehr mentale Tiefe.

ÜBUNG

Wenn Sie längere konzentrierte Arbeitsphasen ohne Unterbrechung brauchen, reservieren Sie dafür einen Zeitblock in Ihrem Terminkalender. Behandeln Sie diese Zeit, als wäre es ein Meeting mit einer anderen Person. Leiten Sie die Anrufe in diesem Zeitraum auf die Mailbox um. Schließen Sie Ihr E-Mail-Programm und deaktivieren Sie die Alarmfunktionen Ihrer Messenger-Dienste.

Dass der Fokus auf eine Tätigkeit uns nicht nur produktiver, sondern auch zufriedener macht, ist kein Zufall. Wer sich weniger leicht ablenken lässt, kommt eher in einen Flow-Zustand, wo plötzlich alles zu gehen scheint und sich Schwierigkeiten wie von Zauberhand auflösen.

Damit haben sich die Psychologin Jeanne Nakamura und ihr Kollege Mihály Csíkszentmihályi intensiv auseinandergesetzt. Demnach sind Flow-Erlebnisse mentale Zustände, die uns in der Tätigkeit aufgehen lassen, wir werden von ihr „absorbiert", wir sind wirklich im Moment. Während des Flows arbeiten wir mit unserer vollen Kapazität, die „Festplattenauslastung" ist bei 100 Prozent. In der Phase wird nicht selbstreflektiert oder nachgedacht über die Tätigkeit und allfällige Konsequenzen, man macht sie einfach. Manchmal sagen Sportler auf die Frage, was sie während eines guten Laufs gedacht haben, Dinge wie: „Ich wollte einfach gut Ski fahren." Ihr Fokus lag einfach auf der Tätigkeit.

Nakamura und Csíkszentmihályi heben noch weitere Eigenschaften des Flow-Erlebnisses hervor: Wir haben das Gefühl zu wissen, was wir tun, wir haben die Kontrolle, und Bewusstsein und Tun verschmelzen ineinander: der Maler, der stundenlang in seine Arbeit vertieft ist und Hunger und Durst vergisst. Der Schriftsteller, der nicht merkt, wie die Zeit vergeht, weil er so in den Abschluss eines Kapitels vertieft ist. Aber auch: ein aufregender Sommernachmittag mit der Familie in der Natur. Wir schauen kein einziges Mal auf die Uhr und wundern uns schließlich, wo der Tag geblieben ist.

Im Flow werden Ich und Umwelt nicht mehr als getrennt erlebt. Es entsteht das Gefühl, eins zu sein mit der Welt. Dieser Drang nach Einheit, das Gefühl, etwas zu schaffen, was über das eigene Ich hinausgeht, scheint die Grundlage für kreative Prozesse überhaupt zu sein.

Im kreativen Prozess werden alte Inhalte neu zusammengesetzt und mit neuen Einfällen auf sinnvolle und nützliche Weise verbunden. Damit es zu solchen „Erleuchtungen" überhaupt kommen kann, benötigen wir eine selbstreflektorische Ruhe, die wir oft nur im Alleinsein finden. So wie C. G. Jung sich zurückzog, um seine Bücher zu schreiben, benötigen auch wir dann und wann Ruhephasen zur Reflexion. Dabei müssen nicht gleich neue Relativitätstheorien entstehen, aber nicht selten finden wir dabei gute Lösungen für sachliche, aber auch zwischenmenschliche Probleme. Tatsächlich lässt sich die Fähigkeit ins Kindheits- und Jugendalter zurückverfolgen. Mihály Csíkszentmihályi konnte in seinen Forschungsarbeiten zeigen, dass Jugendliche, die Schwierigkeiten haben, Zeit alleine zu verbringen, seltener kreative Talente entwickeln.

Wer Alleinsein und Stille nicht aushält, wem das Für-sich-Sein sofort zur Last wird, sucht Zerstreuung. Der Anruf beim Freund, das Aufdrehen des Fernsehers, das Aktualisieren des Social-Media-Status lässt uns nicht zur Ruhe kommen und schneidet uns von diesen Phasen der ruhigen Reflexion ab. Unsere Kreativität leidet, aber was noch schlimmer ist: die eigene Innenwelt verödet zunehmend. Aus einem inneren Regenwald mit vielen interessanten und bereichernden Pfaden wird schließlich eine öde Wüstenlandschaft.

Kinder und Jugendliche sind meist laut, zumindest fühlt es sich für Erwachsene immer so an. Doch das ist nur die halbe Wahrheit. Wenn sich Kinder gerne ablenken lassen, dann tun sie das auch. Aber es gibt eben auch die anderen Phasen. Wenn sie beispielsweise ein Bild malen – aus eigenem Antrieb, nicht auf Druck – dann gehen sie in der Tätigkeit auf. Sie stellen neben der Tätigkeit des Malens auch eine Beziehung zu ihrem Werk her. Es ist ihnen wichtig. Da wird ein Einhorn gezeichnet und ein Fohlen, und während des Zeichnens sprechen diese Tiere schon miteinander. Das Flow-Erlebnis ist ein wichtiger Teil des Lernprozesses, dass man auch die emotionale Seite spüren lernt. Wenn man etwas von Bedeutung schafft, sein Handwerkszeug dafür weiterentwickelt, erzielt man in der physischen Welt eine erwünschte Wirkung. Die Aktivität erschafft etwas, etwas, das herzeigbar ist, worauf man stolz sein kann.

In der Psychologie spricht man in diesem Zusammenhang von Selbstwirksamkeit: Man ist in der Lage, etwas Produktives zu tun, eine Herausforderung zu bewältigen, ein Problem zu lösen, und man weiß es. Diese Fähigkeit muss erst entwickelt werden und entsteht gemeinsam mit der Selbsterkenntnis, zu wissen, wer man ist und was man gut kann (und was nicht so gut). Schreiben und lesen sind typische Tätigkeiten, bei denen wir bei uns sind, weil die direkte Interaktion mit einer anderen Person oder mit anderen Inhalten um uns herum einmal wegfällt. Das ermöglicht uns, über etwas nachzudenken, in die Tiefe zu gehen, klare Gedanken zu fassen. Das ist die Grundlage für mehr Selbsterkenntnis.

Ruhe lässt uns bessere Entscheidungen treffen

Stille ist die Mutter der Wahrheit.

Benjamin Disraeli, britischer Staatsmann, 19. Jh.

Entscheidungsfreude, schnelles Handeln unter Zeitdruck, Umsetzungsstärke, „Ins-Tun-Kommen" sind Schlagworte, die von der Businesswelt mittlerweile auch zunehmend in den privaten Bereich schallen. Die Welt ist dynamisch, verändert sich ununterbrochen, wir müssen rasch auf die Veränderungen reagieren. Doch bevor wir loshetzen – halten wir einen Moment inne, zwingen wir uns einen kurzen Augenblick zur Ruhe. Es war einmal ein Wort, das hieß „nachdenken". Leider ist es ein wenig aus der Mode gekommen, denn stellen Sie sich mal einen Manager vor, der in einem Meeting sagt: „Über dieses Problem muss ich noch nachdenken." Was ist mit dem los, würde es heißen.

Keine Frage, manchmal sind schnelle Entscheidungen nötig. Doch es gibt keine Anhaltspunkte dafür, dass impulsive Entscheidungen ohne Nachdenken und Reflexion die besseren wären. Der römische Philosophenkaiser Marc Aurel machte sich die schriftliche Reflexion zur Gewohnheit. Das Ergebnis liegt uns heute mit seinen „Selbstbetrachtungen" vor. Dort geht es nicht nur um Nachdenken, sondern vor allem auch darum, einen inneren Abstand zu den Problemstellungen des Alltags zu bekommen.

Marc Aurel zwingt sich hier zur Ruhe. Er macht sich Grundsätzliches bewusst und macht sich klar, was in seinem Einflussbereich liegt und was nicht. Er stellt eine Verbindung her zu der Welt um sich, zum Kosmos, er richtet sein Denken nach dem Gemeinwohl aus, nimmt sein Ego ein Stück zurück. Er reflektiert moralische und ethische Fragen und appelliert an sich, auf dem Boden zu bleiben („Verkaisere nicht!").

Marc Aurel war auch deshalb ein authentischer Herrscher, weil er sich immer wieder von sozialem Druck und Zeitdruck zurückzog, um sich seine eigenen Gedanken zu machen. Dadurch konnte er die vielen Eindrücke, die unterschiedlichen Meinungen, die Versuche, ihn zu beeinflussen, sortieren und an seinen eigenen Wertemaßstäben messen. Für diese Art des Reflektierens benötigt man zeitlich begrenzten Rückzug, Alleinsein, Ruhe.

Auch moderne Management-Denker entdecken die Ruhe als eine Gelegenheit wieder, über wichtige Entscheidungen fundiert nachzudenken. Ruhe kommt im hektischen Alltag nicht von alleine, sondern muss aktiv geschaffen werden. Kleio Akrivou von der Universität Reading und ihre Kollegen sprechen von mentalen Räumen, die man zur Reflexion aufsuchen muss.

Dazu ist es nötig, dass man sich aus sozialen Situationen zurückzieht. Zeitdruck und sozialer Druck begünstigen konformes Verhalten und konventionelles Denken. Durch die kognitive und emotionale Distanz zu anderen reduziert sich dieser Druck. Es kann zu einem Abgleich der Informationen mit dem eigenen Wertesystem kommen. Entscheidungsmöglichkeiten können gegenübergestellt werden, ohne dass sie gleich von jemand anderem verurteilt werden.

Ruhe gibt uns nicht nur die Gelegenheit zum rationalen Nachdenken, sondern auch zur Pflege von Achtsamkeit und Offenheit, die neue Ideen überhaupt erst ermöglichen. Viele Menschen berichten nach einer kurzen Achtsamkeitsübung oder einer Meditation, dass sie wieder „klar sehen". Meditation ermöglicht innere Ruhe. Innere Ruhe ermöglicht Klarheit. Man kann eine Entscheidung oder ein Vorgehen nicht immer rational begründen, aber man weiß einfach, dass es so richtig und authentisch ist.

Dem eigenen Gefühl zu vertrauen kann uns Orientierung geben. Doch die Stimme der Intuition schreit uns nicht an. Sie hat eine leise Stimme. Um sie zu hören, müssen wir selbst ruhig sein – uns zur Ruhe zwingen. Starke Emotionen dagegen sind meist keine guten Ratgeber. Dem ersten Impuls zu folgen hat zuweilen verheerende Folgen, für uns selbst und für unsere Umwelt. Wer seinem Ärger und seiner Wut freien Lauf lässt, kommt nicht umhin, andere vor den Kopf zu stoßen, Freundschaften und Partnerschaften aufs Spiel zu setzen. Wer immer seinen ersten

Impulsen folgt, kommt leichter in finanzielle Schwierigkeiten, neigt zu riskanten Verhaltensweisen, hat Probleme, langfristige Beziehungen zu führen.

Dabei ist es überraschend einfach, mit destruktiven Impulsen und Gefühlen umzugehen, um dem Verstand Gelegenheit zu geben, wieder die Kontrolle zu übernehmen. Nur wenige Minuten alleine können starke Emotionen abkühlen und uns wieder ruhiger machen, egal mit welcher Tätigkeit wir uns beschäftigen. Sich kurze Zeit bewusst zurückzuziehen, wirkt hier als Methode, die eigenen Gefühle zu regulieren und mehr Ruhe ins Leben zu bringen.

ÜBUNG

Wenn die Wut zu kochen beginnt, versuchen Sie Zeit zu gewinnen. Verlassen Sie einen Moment unter einem Vorwand den Raum, geben Sie dem Impuls nicht nach, etwa die provozierende E-Mail gleich zu beantworten. Steigen Sie aus dem Kreislauf der Wut aus.

Manchmal kann man einfach nicht weg und auch nicht warten: Vereinbaren Sie mit sich selbst eine Wut-Stopp-Übung. In einem Meeting können Sie sich beispielsweise auf die eigene Atmung konzentrieren, man wird automatisch ruhiger.

Die eigenen Gefühle regulieren – diese Fähigkeit wird im Alltag von unseren Mitmenschen gern auf eine harte Probe gestellt. Sie warten Samstagabend an der Kinokasse und merken, wie ein paar sehr Schlaue die schlampig gebildete Schlange nutzen, um sich vorbeizuschlängeln, um die Wartezeit zu verkürzen. Sie haben Mühe, nicht ärgerlich oder wütend zu werden und Ruhe zu bewahren. Höflich weisen Sie die Herrschaften auf den richtigen Platz in der Reihe hin. Vermutlich bekommen Sie Widerworte. Bevor es zum Streit kommt, warten Sie einen Moment und nehmen Sie die Perspektive des anderen ein.

Wer sich so schwertut, auf etwas zu warten, hat Probleme, seine Gefühle zu regulieren – und ihm fehlt die Geduld. Ungeduld ist die mangelnde Fähigkeit, mit nicht kontrollierbaren Situationen umzugehen. Eine Warteschlange haben wir nicht im Griff. Sie beeinträchtigt in diesem Moment die persönliche Freiheit. Das fühlt sich sehr unangenehm an, man wird vielleicht sogar wütend – und beginnt sich vorzudrängen.

Die wichtigen Dinge im Leben sind langfristig ausgelegt, sonst wären sie auch nicht so wertvoll. Freundschaft, Partnerschaft, Familie, eine gute Ausbildung, eine berufliche Laufbahn. Wie oft wäre es leichter, einfach alles hinzuschmeißen? Wer die Geduld aufbringt, bei etwas zu bleiben, hat nicht nur mehr Erfolg, er entscheidet und handelt auch weniger egoistisch.

Bleiben wir bei unserem Warteschlangenbeispiel. Wer nicht warten kann, ignoriert damit auch die Bedürfnisse seiner Mitmenschen. Er geht davon aus, dass seine Zeit wertvoller ist als die der anderen. Impulsives Handeln ist auf sich selbst bezogen. Dagegen führt Geduld eher dazu, dass die Bedürfnisse anderer berücksichtigt werden. Geduld bedeutet, das Unkontrollierbare akzeptieren zu lernen. Umgekehrt werden in der psychologischen Literatur mangelnde Geduld und das stark ausgeprägte Bedürfnis nach Kontrolle mit der Bereitschaft zu unethischem, ja korrupten und kriminellen Verhalten in Unternehmen in Verbindung gebracht.

Geduld ist eine wichtige Zutat für mehr innere Ruhe. Geduld hilft uns, achtsamer mit unseren Ressourcen umzugehen. Geduld lässt uns weniger Stress erleben. Geduld verhilft uns zu mehr emotionaler Stabilität in schwierigen Situationen und lässt uns effektivere Entscheidungen treffen. Geduld ist nicht einfach eine Persönlichkeitseigenschaft, die man hat oder nicht hat. Sie ist eine bewusste Entscheidung.

Indem Sie sich entscheiden, dass Sie ein geduldiger Mensch sein möchten, entscheiden Sie sich auch für mehr innere Ruhe. Das heißt, negative Emotionen wie Ärger oder Wut bewusst wahrzunehmen und aktiv zu versuchen, sie in etwas Positives, Konstruktives umzulenken – und damit bessere, effektivere Entscheidungen zu treffen. Dafür gibt es zwei effektive Strategien:

- Situationen auswählen: Jeder kennt die typischen Situationen, die uns täglich ärgern und das Potenzial haben, uns den Tag zu vermiesen: der Kollege, der kein Problem selbst lösen kann und dauernd auf der Matte steht, die Gesprächspartner, die an allem etwas zu nörgeln haben. Diese Situationen lassen sich nicht komplett vermeiden, aber wir können versuchen, sie zu reduzieren. Machen wir einmal die Bürotür zu, planen wir bei einer Besprechung einen kurzen Punkt „Psychohygiene" ein, aber dann wechseln wir das Thema. Vermeiden wir Veranstaltungen, die keinen konkreten Nutzen bringen. Klar, man kann sich das je nach Hierarchiestufe nicht immer aussuchen. Aber sehr oft erntet man beim Chef auch Verständnis, wenn man erklärt, dass man die Zeit lieber nutzen möchte, um „Aufgabe X" abzuarbeiten.

- Gedankliche Bewertungen verändern: Manche Dinge können wir nicht ändern, aber wir können versuchen, die Situation für uns möglichst positiv zu bewerten. Etwa das Treffen mit Leuten, die immer zu spät kommen: Wir können uns schon vorher über das Unvermeidliche ärgern oder gleich die fünfzehn Minuten einplanen und die Wartezeit für eine andere Aktivität nutzen.

Ruhe hält uns gesund

Lärm, hohe Menschendichte, Informationsüberflutung fordern unsere Aufmerksamkeit heraus, stimulieren uns den ganzen Tag über. Sie sind ein gefährlicher Cocktail, der zu den wichtigsten Ursachen für die modernen Überlastungssyndrome wie etwa Burnout zählt. Die Abwärtsspirale ist denkbar einfach: zu hohe Stimulation von außen führt zu Stress, und kommen wir nicht mehr zur Ruhe, wird dieser chronisch. Das schädigt uns physiologisch durch eine ständig hohe Konzentration des Stresshormons Cortisol. Das geht Hand in Hand mit dem Gefühl dauernder Überlastung, mangelnder Konzentrationsfähigkeit, emotionaler Abstumpfung. Bei manchen geht es bis zum mentalen Zusammenbruch, beim Burnout geht schließlich nichts mehr.

Der Mensch ist grundsätzlich dafür gemacht, Informationen von außen aufzunehmen. Sind wir von Reizen abgeschnitten, ist das genauso schlimm für unsere mentale Verfassung wie zu viele Reize. Das Problem bei der Reizüberlastung ist vor allem, wenn wir sie nicht steuern können. Wenn Lärm, Informationsflut, Menschendichte usw. für uns nicht kontrollierbar sind. Der laut telefonierende Sitznachbar in der Straßenbahn, später in der Arbeit der Chef, der jede Konzentration durch neue Anweisungen unterbricht, dann noch die ständige Hintergrundmusik im Kaufhaus und im Fitnessstudio. Der Verkehrslärm, der uns in den Schlaf verfolgt. Konstanter Stress aufgrund dieser Überstimulation schädigt langfristig unsere Gesundheit. Wir brauchen mehr Ruhe, um unsere Gesundheit zu schützen. Es ist daher an der Zeit, den Lautstärkenregler in unserem Leben nach unten zu schieben.

Klar, Lärm ist auch eine Frage der Perspektive. Was den einen stört, ist für andere Unterhaltung – speziell wenn wir an laute Musik denken. Darüber hinaus ist diese Unterscheidung nicht nur personen-, sondern auch situationsabhängig. Denken Sie an einen Partygast, der zu lauter Musik in der Disco feiert und danach in seiner eigenen Wohnung nicht schlafen kann, weil die Nachbarn frühmorgens das Radio laut aufdrehen. Was eben noch Spaß machte, ist jetzt lästig.

Doch leider ist der Lärm in unserer Umgebung nicht nur Geschmackssache oder eine Frage der richtigen Einstellung bzw. Bewertung. Lärm ist gesundheitsschädlich, daran besteht kein Zweifel. Umgebungslärm wird heute in der Wissenschaft teilweise als Umweltgift bezeichnet. Die Weltgesundheitsorganisation WHO schätzt, dass durch Lärm allein in Europa Millionen von Lebensjahren verloren gehen. Denn: Dauerhafter Lärm, insbesondere Verkehrslärm in der Wohnumgebung, macht krank, wie wir schon gehört haben. Die körperlichen Folgen der Dauerbeschallung beeinträchtigen langfristig die Funktion des Herz-Kreislauf-Systems. Die Wahrscheinlichkeit für potenziell tödliche Erkrankungen wie Schlaganfall oder Herzinfarkt steigt.

Besonders verheerend für die Gesundheit ist der anhaltende Lärm während der Nachtstunden, der zu Schlafstörungen führt. Schlaf wiederum ist essenziell für fast alle Aspekte der Gesundheit. Seine besondere Bedeutung für ein ruhigeres Leben wird uns später noch beschäftigen.

Dass wir uns bei anhaltendem Lärm nur schlecht konzentrieren können, ist eine banale Alltagserfahrung. Doch gerade bei Kindern kann Lärm dazu führen, dass die kognitive Entwicklung beeinträchtigt wird, etwa das sprachliche Verständnis. Der Umweltpsychologe Jürgen Hellbrück vergleicht den Lärm in unserer Wohnumgebung mit dem unerwünschten Eindringen in unserer „Territorium", in unseren Privatbereich. Unser Territorium möchten wir kontrollieren: Wir entscheiden, wer oder was hineinkommt. Gegen die laute Musik aus der Nachbarwohnung, die Lastwagen auf der Straße draußen und das Flugzeug im Landeanflug sind wir machtlos. Unkontrollierbarkeit lässt unseren Stresspegel steigen.

Unser Instinkt ist programmiert auf „Kämpfe oder lauf weg". Beides sind Verhaltensweisen, die in der modernen Gesellschaft nur schwer umsetzbar sind, daher fällt es uns so schwer, Stress abzubauen. Flucht? Klar, man kann umziehen, aber das ist aufwendig und teuer und lässt sich nicht beliebig oft wiederholen. Kampf? Eine Bürgerinitiative gegen den Straßenausbau zu gründen wäre eine Option, aber ob das den Stress wirksam reduziert, ist fraglich.

Lärm muss nicht unbedingt das Hören betreffen. Um uns herum ist alles irgendwie „verlärmt". Das liegt am „visuellen

Lärm", der überall auf uns einwirkt: verbaute Flächen, Werbetafeln, Verkehrsschilder, Ampeln, überall blinkende Lichter und
anhaltende Unruhe.

In großen Städten ist unsere Aufmerksamkeit ununterbrochen
gefordert. Auf der Straße müssen wir auf den Verkehr achten,
auf dem Bürgersteig sind wir damit beschäftigt, uns den Weg
durch die Menge der Passanten zu bahnen. Die unbestimmte
Unruhe, die das auslöst, ist wiederum nichts anderes als bei
unerwünschtem Schall: Stress. Sie stellt ein in der Psychologie
recht gut beschriebenes Phänomen dar: das sogenannte Crow-
ding: Viele Menschen auf relativ engem Raum können unangenehme Gefühle und eben Stress auslösen.

Warum das so ist, ist noch nicht abschließend geklärt. Die Ver-
haltensforschung geht einerseits davon aus, dass es zu der schon
angesprochenen Überstimulation durch zu viele Reize kommt,
was schlicht unsere Gehirnkapazitäten sprengt. Andererseits
sind wir bestrebt, unsere Privatheit zu schützen, z. B. indem wir
fremden Menschen nicht zu nahe kommen, was in öffentlichen
Verkehrsmitteln oder in der Kassenschlange oft nicht möglich
ist. Dort kommt noch dazu, dass wir es eilig haben, dass das
Warten unter so vielen Menschen uns von unserem Ziel abhält,
schnell wieder zu Hause zu sein. Es entsteht die sogenannte
Reaktanz, definiert als die „Motivation zur Wiederherstellung
eingeengter Freiheitsspielräume" und vergleichbar dem Trotz:
Wir werden ärgerlich, vielleicht sogar wütend, denn es geht uns
einfach nicht schnell genug, wir wollen raus aus der Situation,
und wenn das nicht geht, reagieren wir fahrig und gereizt auf
unsere Mitmenschen.

Subjektive Beengtheit führt zu Aggressivität und Konflikten, was wiederum unserem Wohlbefinden und unserer Gesundheit nicht gut tut. Wir können dem Lärm, der über alle Sinne auf uns einwirkt, nicht immer entkommen. Schließlich müssen wir einkaufen und arbeiten gehen und können nicht jeden sozialen Anlass sausen lassen, weil er uns „überstimuliert". Doch wir können dafür sorgen, dass wir im Tagesablauf und in unserer Wohnumgebung Oasen schaffen, in denen Ruhe möglich wird. In denen wir kontrollieren, was auf uns einwirkt und was nicht. So kommen wir wieder mehr unsere Mitte, in die Balance und sind anschließend wieder besser gerüstet für die laute Welt da draußen.

DIE RUHE KULTIVIEREN

*Mangelnde Ruhe ist eine Form mentaler Orientierungs-
losigkeit. Sie lässt sich nicht allein durch kurze Momente
äußerer Ruhe rückgängig machen. Dafür braucht es
eine Kultvierung der Ruhe. Eine Haltung, die Seelenruhe
erst ermöglicht. Wir können aus einer lauten Welt keine
stille machen. Aber wir haben es in der Hand, unsere
unmittelbare Umgebung zu gestalten. Ruhe kultivieren,
das heißt eine gesunde Balance zwischen verschiedenen
Lebensbereichen herzustellen und nicht zuletzt, allein
sein, schweigen und klarer sein zu können.*

Ruhe ist für die Seele der Anfang der Reinigung.

Basilius der Große, Bischof, 3. Jh. n. Chr.

Eine S-Bahn-Station im Stadtzentrum, Rushhour. Jeder will
irgendwo hin, keiner möchte hier sein. Der Zug fährt ein. Dutzende Menschen drängen sich um die Eingänge. Kaum jemand
registriert in diesem Moment, dass die Stille nur wenige Meter
entfernt ist. Inmitten des Trubels sitzt ein Mann auf einem
Dekorationsstein und liest in aller Ruhe ein Buch. Die Szene
wirkt absurd, ja gestellt. Wie viel innere Ruhe ist nötig, um so
viel äußere Unruhe problemlos auszublenden? Wie kann man
Ruhe solchermaßen kultivieren?

Alte Meister der Ruhe

Innere Ruhe scheint einherzugehen mit einer Form von geistiger Klarheit, die im Alltag mit all unseren Ablenkungen und Zerstreuungen kaum erreichbar ist.

Jesus verbrachte vierzig Tage in der Wüste und wurde dort vom Teufel in Versuchung geführt – so überliefert es das Neue Testament. Er suchte bewusst einen einsamen, stillen Ort auf, um diese Herausforderung anzunehmen. Es muss ihm klar gewesen sein, wie wichtig nun Konzentration und Fokus waren, um standhaft zu bleiben. Zu viel stand auf dem Spiel. Für seine Anhänger wäre ein Scheitern so etwas wie das Ende der Welt gewesen. Wenn nicht einmal der Sohn Gottes dem Teufel widerstehen kann, wie sollte es ganz normalen Menschen gelingen?

Alleinsein ist schwer. Die Stille macht Angst. Es gibt keinen Zuspruch, niemand kann Rat geben, Jesus blieb auf sich selbst und seine Verbindung zu Gott zurückgeworfen. Doch genau darum ging es. Die Stille der Wüste schärft die Sinne, schützt vor Ablenkung, hilft, die Energie für die große Aufgabe zu bündeln. Die Geschichte geht gut aus. Jesus widerstand in der Wüste als Mensch den Versuchungen des Teufels, ohne die Rettung durch Gott zu beanspruchen. Schließlich lehnte er das Angebot ab, selbst zum Weltkönig zu werden, wenn er nur den Teufel anbetete. Der Versuch, das Band zwischen Jesus und Gott zu zerschneiden, scheiterte.

Die Macht der Stille wurde nicht nur von den christlichen Religionen immer wieder aufgegriffen. Auch im Taoismus lässt sich das schon angesprochene wu wei in eine innere Ruhe übersetzen, die die Lösung von Problemen oder Entscheidungen erst ermöglicht. Die Religionsstifter wussten schon vor Jahrtausenden: Innere Stille lässt uns manchmal Dinge klar sehen, die vorher verworren waren. Wie Schuppen von den Augen fällt uns dann, wie wir uns entscheiden sollen, was zu tun ist oder wie wir in einer Sache weiterkommen.

Die Rückzugsmöglichkeit auf die eigene Seele steht uns jederzeit zur Verfügung, das wusste schon der Philosophenkaiser Marc Aurel. Doch was tun wir, wenn wir dort keine innere Ruhe finden? Wir haben vorhin von Seneca gehört, der den Begriff der Seelenruhe verwendete. Sie wird dann möglich, wenn wir nach dem Guten streben und auf rein äußerliche Ziele und Symbole möglichst verzichten.

Und dann ist da noch jener geheimnisvolle Denker, der sich im 13./14. Jahrhundert, lange nach den Römern, mit der Ruhe in uns befasste, Meister Eckhardt. Als christlicher Denker beschäftigte ihn natürlich die Beziehung des Menschen mit Gott. Seine Vorstellung: In jedem Menschen und jeder Seele ist etwas Göttliches. Dieser Seelengrund ist die Begegnung zwischen mir und Gott – in mir selbst. Hier herrscht absolute Stille. Nur in der völligen „Abgeschiedenheit", so Meister Eckhardt, ist diese Begegnung möglich. Das Ziel ist ein „Bei-sich-selbst-Sein der Seele", „Frieden und Freiheit des Herzens in einer stillen Ruhe". Man muss nicht religiös sein, um diese Vorstellung für sich zu nutzen. Der Seelengrund ist ein Ort, an dem sich das Ich und das Zeiterleben auflösen, an dem man eins wird mit seiner Umgebung.

Egal ob Meister Eckhardt, Laotse, Marc Aurel, Seneca oder andere: Sie haben vor Jahrhunderten etwas vorweggenommen, was wir heute so dringend brauchen: warum innere Ruhe so wichtig ist, wie wir sie lernen und nützen können. Wir brauchen keine Propheten oder Philosophen zu sein, um die Fähigkeit der Ruhe zu entwickeln und für uns zu nutzen. Auch im normalen Alltag können wir Anleihen bei den alten Meistern der Ruhe machen. Eine davon ist, dass sie immer wieder Umwelten aufgesucht und ihre Umgebung so gestaltet haben, dass Ruhe möglich ist, dass sich innere Stille entwickeln kann. Jesus in der Wüste, Marc Aurel beim Schreiben, Meister Eckhardt im Kloster.

Im nächsten Abschnitt werden wir sehen, dass wir nicht gleich in die Wüste müssen, um Stille zu finden. Unserer Umwelt kommt aber eine wichtige Bedeutung zu.

Die eigene stille Umwelt gestalten

Intelligente, kreative Menschen fühlen sich in Umwelten wohl, die sie inspirieren und fordern. Sie suchen Menschen und Institutionen auf, die ihre Talente unterstützen. Manchmal bewusst, oft aber auch unbewusst. Darüber hinaus sind sie in der Lage, ihre eigene Umwelt zu gestalten, zu verändern oder auch zu wechseln. Sie können von den Fähigkeiten und Eigenschaften anderer lernen und profitieren.

Psychologische Forschungen legen nahe, dass bereits im Kindesalter Freundschaften auch nach Intelligenz gewählt werden. Intelligentere Kinder suchen sich intelligentere Freunde. Es ist wahrscheinlich, dass diese Freundschaften wiederum die eigene Intelligenz positiv beeinflussen. Und so ist das auch bei anderen Eigenschaften, Persönlichkeitsmerkmalen, Talenten: Zeig mir deine Freunde und ich zeige dir, wer du bist.

Soziale Umwelten haben große Auswirkungen auf unser Leben, also auch auf unsere innere Stille. Umgeben wir uns mit Menschen, die unseren Energiehaushalt positiv beeinflussen, oder mit Energieräubern? Manchmal treffen wir auf Menschen, deren Präsenz uns einfach guttut, selbst wenn mal nichts gesagt wird.

Der britische Autor Tom Hodgkinson ist eine Art „Faulheitsapostel". Seine Kernthese lautet, dass wir zu viel arbeiten, zu viel kaufen, zu viel konsumieren, uns zu viele Sorgen machen. Die Antwort darauf: Entschleunigung und Minimalismus. Und vor allem Ruhe. Eltern beispielsweise sollen ihre Kinder am besten in Ruhe lassen, meint Hodgkinson. Werden sie nicht permanent unterhalten, können sie ihre eigene Langeweile für etwas Kreatives nutzen. Kleiner Nebeneffekt: Sie werden selbstständiger und weniger abhängig von anderen.

Doch Ruhe und Gemächlichkeit gelten nicht nur bei der Kindererziehung. Hodgkinson selbst berichtet davon, dass er täglich eine Stunde zu seiner Arbeitsstelle spaziert. Seine Ratschläge sind so simpel wie effektiv. Einen ruhigeren Lebensstil pflegen heißt für Tom Hodgkinson, gemütlich Tee zu trinken, lange Spaziergänge zu machen, sich Zeit zum Plaudern zu nehmen oder es sich einfach nur zu Hause auf dem Sofa bequem zu machen und zum Fenster hinauszuschauen.

Das Einplanen von solchen Ruhephasen in den Alltag ist eine wichtige Grundlage zur Entwicklung von innerer Stille und verschafft uns eine ruhigere Umwelt. Vielleicht ist es ein „magischer Ort" in der Natur oder eine Kirche, die Sie immer wieder aufsuchen, oder ein Bild, das Sie gerne betrachten, ein bestimmtes Musikstück, dem Sie gebannt lauschen. Gemeinsam mit den Kindern an einem regnerischen Nachmittag etwas zu malen – ohne viele Worte. Die Wohnumgebung so einrichten, dass Rückzugsorte entstehen, mit Möbeln, Beleuchtung und Dekoration, die Ruhe ausstrahlen.

Manche Menschen entwickeln die Fähigkeit, in ganz normalen Alltagssituationen ihren inneren Ruhepol zu finden. Es gibt Menschen, die über ein Ausmaß an innerer Ruhe verfügen, dass sie auch in einer lauten Umgebung gelassen bleiben. Vorhin war bereits von jenem Mann die Rede, der an einer hochfrequentierten S-Bahn-Station in aller Seelenruhe in einem Buch las. Der Trubel und die Hektik um ihn herum schienen ihn nicht im Geringsten zu stören. Doch für die meisten von uns ist Unruhe und Hektik, die von außen auf uns einwirken, ansteckend. Es erleichtert unser Leben, wenn wir unsere Umwelt ruhiger gestalten, damit aus äußerer Ruhe auch innere Ruhe werden kann. Wir müssen dann nicht jedes Mal unsere ganze Willenskraft aufbieten, um ruhig und gelassen zu bleiben.

Wenn wir auf eine Arbeit fokussieren möchten, sollten wir auf eine Umgebung setzen, die uns nicht ablenkt, wo nicht der Haushalt, das Internet oder andere Menschen uns zur Ablenkung einladen. Wo wir ein Stück weniger unsere Willenskraft beanspruchen müssen. Wenn wir eine Entspannungsübung machen, sollten wir zuerst für die äußere Ruhe sorgen. Wenn wir erholsamen Schlaf wollen, sollten wir unsere Abendrituale und die Umgebung im Schlafzimmer daran anpassen. Als eine Physiotherapeutin ihre Einheit mit den Worten „Ich beginne mit einer Minute Stille" begann, hielt ich das für Zeitschinderei. Aber sehr schnell begriff ich den Sinn. So kommt man viel schneller und nachhaltiger in eine entspannte Stimmung.

Still sein, innerlich ruhig werden – das geht nur, wenn man in der Lage ist, unwichtige oder unerwünschte Informationen und Reize auszublenden. Wer sich gesund ernähren möchte und Schokolade einkauft, holt sich die Versuchung geradezu nach Hause. Bei jedem Gang in die Küche ist dann die Willenskraft gefragt. Hat man gar keine Schokolade zu Hause, entfällt diese Versuchung. Ich habe meine Umwelt meinem Ziel – gesunde Ernährung – angepasst. Der Nebeneffekt: mehr innere Ruhe.

Wer den Fokus mehr darauf ausrichtet, selbst etwas zu entwickeln, zu bauen oder zu schaffen, anstatt Konsumziele zu verfolgen, legt den Grundstein für mehr Ruhe in seinem Leben. Ist weniger getrieben von Marketingreizen und „Das musst du haben"-Botschaften. Ist in höherem Ausmaß selbstgesteuert und an eigenen Zielen ausgerichtet. Eine wichtige Grundlage dafür ist es – ich habe es in meinem Buch „Selbstoptimierung ist auch keine Lösung" ausführlich angesprochen –, seine Prioritäten bewusst zu setzen.

Wer seine Prioritäten kennt, kann – abhängig von der jeweiligen Lebensphase – auch seine Ziele bewusst definieren. Vielen Menschen hilft das Tagebuchschreiben: Was beschäftigt mich im Alltag am meisten, was ist gut daran, was möchte ich ändern? Welche Menschen spielen da die größte Rolle? Wer sich auf diese Weise Orientierung verschafft, tut sich leichter, innerliche Ruhe zu entwickeln und nicht nur getrieben und fremdbestimmt zu sein.

Fremdbestimmt sind wir heute vor allem durch die Tatsache, dass Informationstechnologie einfach überall ist. So gut und nützlich Smartphones, Tablets, Laptops sind, so faszinierend die zukünftigen Vorteile der künstlichen Intelligenz sein werden, so klar ist auch, dass wir weniger davon brauchen, um unsere Ruhe zu finden. Nicht weil früher alles besser war, sondern weil es keine schlimmeren Zeit- und Ruheräuber gibt. Wenn wir im Sinne eines digitalen Minimalismus digitale Medien nur dann verwenden, wenn sie uns wirklich nützen, weil sie der Erreichung unserer Ziele dienen, wird sich schnell wieder innere Stille einstellen.

ÜBUNG

Schließen Sie den Account einer Social-Media-Anwendung. Informieren Sie die Freunde darüber und sagen Sie ihnen, wie Sie dennoch erreichbar sind. Gehen Sie zum Treffen mit einem Freund einmal ohne Smartphone. Oder lassen Sie es einfach in der Jackentasche. Legen Sie Zeiten fest, wann Sie Mails und soziale Netzwerke checken. Oder loggen Sie sich einfach mal aus.

Seien Sie mal offline. Am Anfang zucken noch die Finger, Sie spüren es vibrieren, obwohl da kein Handy ist. Dann spüren Sie eine Leere, das sind die Entzugserscheinungen. Lassen Sie die aufkommende Langeweile zu und beobachten Sie, wohin sie Sie führt. Nach kurzer Zeit stellt sich die Ruhe ein, die wir so dringend brauchen.

Lebensbereiche verbinden

Vor einigen Jahren habe ich mehr als 140 Berufstätige im Zuge
einer Studie nach ihrer Zufriedenheit mit Arbeit und Freizeit sowie zu ihrem Allgemeinbefinden befragt. Das denkwür-
digste Ergebnis war, dass jene, die sich in ihrer Freizeit negative
Gedanken (z. B. über Probleme oder Konflikte am Arbeitsplatz)
machen, auch von einer schlechteren Arbeitszufriedenheit und
von schlechterem Wohlbefinden berichteten. Umgekehrt war
die Befindlichkeit jener besser, die sich in ihrer Freizeit positiv über ihre Arbeit Gedanken machten (z. B. über Erfolge oder
positive Rückmeldungen zur eigenen Arbeit). Gleichzeitig hat
auch die Zufriedenheit mit der Freizeit große Bedeutung für
das Wohlbefinden. Die verschiedenen Lebensbereiche hängen
zusammen und beeinflussen sich wechselseitig – positiv und
negativ.

Von Jeff Bezos, Gründer von Amazon und reichster Mann der
Welt, würde man denken, dass er von einem Termin zum anderen hetzt, weil ihm die Führung des Weltkonzerns keine ruhige
Minute lässt. Doch in Wahrheit hat er überraschend wenige
Besprechungen, findet Zeit für das Frühstück zu Hause, wäscht
das Geschirr ab. Work-life harmony nennt er dies. Die Energie,
die er zu Hause tankt, kommt in der Arbeit zum Tragen.

Ähnlich John Erdmann, Vizepräsident der TD Bank: Seine wichtigsten Prioritäten sind seine Familie und sein Glaube. Wenn
man die Prioritäten kennt, ergibt sich alles andere automatisch,
meint er. Daher muss er auch sein Arbeitsleben so einrichten,
dass für seine fünf Kinder genug Zeit bleibt. Kein Wunder, dass
der Morgenkaffee mit seiner Frau einer der wenigen Momente

der Ruhe ist – mit positiven Effekten für seinen Job. Er verteilt die Verantwortung in seinem Team so, dass er sich auch an freien Tagen keine Sorgen machen muss, dass etwas schiefläuft. Das motiviert wiederum auch seine Mitarbeiter. Erdmann empfiehlt jedem, darüber nachzudenken, was wirklich wichtig ist, und die Prioritäten daran auszurichten. Das bringt mehr Produktivität und Effektivität im Berufsleben, aber vor allem einen Sinn für mehr innere Ruhe im Leben.

Einen Lebensstil pflegen, der es ermöglicht, die eigenen Prioritäten in den verschiedenen Lebensbereichen zu vereinbaren – das bringt mehr innere Ruhe, wie auch die Wissenschaft nahelegt. He Lu Calvin Ong und Senthu Jeyaraj von der Technischen Universität in Singapur haben in einem Experiment gezeigt, dass mangelnde Harmonie zwischen den Lebensbereichen Arbeit und Familie zu mehr inneren Konflikten führt: Ich sollte mich um einen pflegebedürftigen Angehörigen kümmern, muss aber in die Arbeit, das wäre so ein innerer Konflikt. Wenn es gelingt, hier einen Ausgleich herzustellen, z. B. über eine Homeoffice-Regelung, reduziert sich dieser innere Konflikt. Die beiden Forscher konnten zudem zeigen, dass mehr solcher inneren Konflikte (also mehr innere Unruhe im Sinne dieses Buches) geringere Kreativität bewirken. Kein Wunder – wir haben bereits gesehen, dass äußere und innere Ruhe für kreative Leistungen unabdingbar sind.

Für das Wichtige Zeit zu haben, bedeutet, eine Umgebung schaffen, in der die Ziele der verschiedenen Lebensbereiche in Harmonie miteinander sind. Das sind individuelle Entscheidungen, die von den persönlichen Prioritäten und Zielen abhängen. Das kann eine reduzierte Arbeitszeit sein, mehr Zeit für die

Menschen in Ihrer Umgebung, aber auch die Zeit für ein Ehrenamt oder eine Weiterbildung in einer bestimmten Lebensphase.

Harmonie zwischen den verschiedenen Lebensbereichen bedeutet aber auch, dass alles seine Zeit hat. Wer die Familienfeier für berufliche Telefonate nutzt, sollte lieber gleich ins Büro fahren. Um Harmonie zu schaffen, müssen wir lernen, fokussiert zu sein, auch mal abzuschalten und den Stecker zu ziehen. Zeiten zu definieren, in denen eine Aktivität im Vordergrund steht: Zeit für Arbeit, Zeit für den Partner, Zeit für Freunde, Zeit für Kinder, Zeit für Hobbys, Zeit für Ruhe.

ÜBUNG

Welche Bereiche in Ihrem Leben haben Sie in letzter Zeit vernachlässigt? Welche Aktivitäten würden diesen Bereichen das Gewicht geben, das Sie sich wünschen würden? Planen Sie diese Aktivitäten konkret in ihren Terminkalender ein. Entscheiden Sie sich – wenn möglich – gleich für eine Frequenz.

Innere Ruhe bringt Klarheit

Amsterdam. Die Beklemmung wird mit jedem Schritt spürbarer, wenn man zu jenen engen Räumen hinaufsteigt, in denen Anne Frank und ihre Familie die letzten Lebensjahre vor ihrer fatalen Entdeckung in totaler Abschottung von der Außenwelt verbrachten. Acht Menschen auf engstem Raum, die Fenster blieben verschlossen und verdunkelt, nicht einmal die Klospülung durfte tagsüber betätigt werden. Privatsphäre: Fehlanzeige. Mein Blick gleitet über Annes Bett, das spärliche Mobiliar, die Poster an der Wand. Es ist, als wäre alles erst vor Minuten verlassen worden. Wie kann man hier Jahre verbringen?, denke ich. Wie schafft man das? Instinktiv wende ich mich ab, möchte raus.

Doch dann fällt mein Blick auf den Schreibtisch, auf dem Anne Frank ihr weltberühmtes Tagebuch geschrieben hat. „Solange du furchtlos den Himmel anschauen kannst, so lange weißt du, dass du rein von innen bist und dass du doch wieder glücklich werden kannst" – wer in dieser Situation solche Sätze schreibt, tut mehr, als sich selbst Mut zuzusprechen. Da besitzt jemand ein Ausmaß an innerer Ruhe und Kraft, das kaum mehr aus der Balance zu bringen ist. Durch ihr Tagebuch wurde Anne Frank nach ihrer Ermordung im Konzentrationslager Bergen-Belsen berühmt. Gedacht war es nur für sie selbst, für Phasen des ruhigen Nachdenkens über die wichtigsten Lebensfragen. Das hat sie mental so stark gemacht.

„Niemand, der nicht schreibt, weiß, wie fein es ist zu schreiben", notiert Anne Frank in ihrem Tagebuch. An anderer Stelle schreibt sie, wie schön und gut Menschen wären, wenn sie an jedem Abend ihren Tag schriftlich Revue passieren ließen. Gedanken und Gefühle niederschreiben, richtig und falsch abwägen, Erkenntnisse einordnen – dafür eignet sich Schreiben besonders gut. Darüber hinaus erkennt man seine Prioritäten, bekommt ein Gefühl, wofür man seine Zeit verwendet und wofür nicht. Tagebuchschreiben ist wie Meditation, im Blickpunkt steht das eigene Leben. Im Schreiben finden wir Klarheit, aber auch Kontinuität, es verbindet unsere Tage zu einer zusammenhängenden Geschichte.

Eine andere intensive Schreiberin war Sophie Scholl, jene junge Frau, die sich in dem Widerstandskreis „Die weiße Rose" gegen das NS-Regime auflehnte. Sophie war eine lebenslustige und gleichzeitig nachdenkliche, religiöse und ernste Person. Als sie und ihr Bruder Hans 1943 nach einer Flugblattaktion verhaftet werden, bricht sie nicht vor Angst und Verzweiflung zusammen. Sie schiebt im Verhör nicht die „Schuld" auf andere, im Gegenteil. Sie belastet sich selbst, um andere Mitglieder der weißen Rose zu entlasten. Im Prozess vor dem Volksgerichtshof, in dem Angeklagte gedemütigt, angebrüllt und meist zum Tod verurteilt wurden, seien Sophie Scholl und ihre Mitstreiter „ruhig, gefasst, klar und tapfer" vor dem Gericht gewesen. So agiert jemand, der seine Sache lange, in aller Ruhe durchgedacht und diskutiert, sicher auch gezweifelt, aber eben alles in Erwägung gezogen hat.

Ähnlich ruhig und klar wirken die Auftritte von Malala Yousafzai, jener pakistanischen Kinderrechtsaktivistin, die wegen ihres Engagements für die Bildung von Mädchen und Frauen von den Taliban fast ermordet wurde. Mehr tot als lebendig wurde sie nach 2012 einem Anschlag zur Behandlung nach England überstellt, wo sie nach der Genesung nicht daran dachte, ihr Anliegen und ihr Engagement aufzugeben.

Innere Ruhe bringt Klarheit und überwindet die Angst. Die Folgen des eigenen Handelns sind in Erwägung gezogen. Ruhe, das ist gleichzeitig Ursache und Folge mentaler Stärke. Wir müssen keine Helden sein, Gott sei Dank. Dennoch ist der Alltag auch so schon gepflastert mit schwierigen Situationen und Herausforderungen. Nachdenklichkeit kann eine Tugend sein, die uns hilft, Antworten auf diese Herausforderungen zu finden und in schwierigen Situationen die innere Ruhe zu bewahren.

Das Für und Wider abwägen, nicht immer gleich antworten, nicht immer gleich das Richtige wissen, mit Mehrdeutigkeit zurechtkommen, etwas in sich reifen lassen, sein Gehirn zur nötigen Sorgfalt anhalten, einige Grundprinzipien im Leben entwickeln und befolgen – nachdenken, das geht am besten alleine.

Allein sein und schweigen können

Wir haben schon darüber gesprochen, wie wichtig für die meisten Menschen die Kontrolle der eigenen Lebens- und Arbeitssituation ist. Zu oft ist das nicht möglich, wir sind fremdbestimmt, werden als Mittel zum Zweck eingesetzt, haben keine Möglichkeit, etwas an dieser Situation zu verändern. „In welchen Situationen haben Sie das Gefühl, die Kontrolle zu haben?", fragte eine amerikanische Studie. Eine der häufigsten Antworten war: „Wenn ich allein bin." Nicht, um des Alleinseins willen. Sondern weil man die Freiheit hat, in Ruhe Entscheidungen zu treffen.

Alleinsein, das ist etwas für Eigenbrötler, Introvertierte und Schüchterne, so das Vorurteil. Sich präsentieren, kommunizieren, alles mit jedem zu besprechen, Feedback einholen und Brainstorming betreiben: Alles ist darauf angelegt, dass wir unsere Zeit virtuell oder real mit anderen verbringen, darauf, dass etwas herzeigbar ist. Es gibt Dutzende Ratgeber, wie stille Menschen sich Gehör verschaffen, wie Introvertierte ein bisschen extrovertierter werden. Aber nur wenige Ratgeber schützen uns vor lauten Nervensägen, die uns das Alleinsein vermiesen, vor oberflächlichen Wichtigtuern, die anderen die Ideen klauen. Es gibt unzählige Ratschläge, wie man richtig netzwerkt, präsentiert, smalltalkt, verhandelt, andere manipuliert. Es gibt wenige dazu, wie man das mit dem Alleinsein macht, wie man sich selbst genügt, wie man daraus einen Nutzen zieht.

Der amerikanische Schriftsteller und Philosoph Henry David Thoreau beschloss 1845, der Zivilisation den Rücken zu kehren. Er baute sich eine Blockhütte mitten im Wald, wo er schließlich zwei Jahre lang lebte. Von ihm ist der Satz überliefert „Ich habe nie eine Gesellschaft gefunden, die so gesellig war wie die Einsamkeit." Die Verbindung mit der Natur lieferte ihm mehr „Kameradschaft" als der Austausch mit Menschen. Oft saß er nur stundenlang da und beobachtete Tiere. Zwischendurch baute er wieder an seinem Haus. Thoreau war kein Verrückter, er schrieb tiefsinnige Bücher, ist bis heute ein Parade-Intellektueller in den USA und war schon zu Lebzeiten geachtet, weil handwerklich begabt und ein scharfer Analytiker in landwirtschaftlichen Fragen. Die Bauern schätzten seinen Rat. Er konnte mit der Einsamkeit etwas anfangen, Nutzen daraus ziehen, sein Werk wäre ohne dieses Alleinsein nicht denkbar.

Wir müssen nicht die Zivilisation verlassen, um diese Fähigkeit zu kultivieren. Manchmal reicht eine kleine Auszeit. So wie bei Thomas E. Thomas ist Psychologe, einer für die wirklich schwierigen Fälle. Seine Klienten sind Menschen mit schweren psychischen Erkrankungen, Psychosen, Sucht, aggressivem Verhalten, Persönlichkeitsstörungen. Als Ausgleich dazu und um wieder Energie zu tanken, sucht er immer wieder das Alleinsein. Einsame Wanderungen, lange Reisen oder Zeit im Kloster, einmal bei den Benediktinern. Dort nahm er am Leben des Ordens teil. Sprechen war nur in Ausnahmefällen gestattet.

Das Kloster und seine Schweigeregeln war in der turbulenten Zeit der Völkerwanderung gegründet worden. „Das war damals schon als Ruhe- und Gegenpol zu den unruhigen Zeiten gedacht", sagt Thomas. Und über seine ersten Tage mit den Mönchen: „Am Anfang war es schwierig, ständig möchte man jemanden ansprechen, irgendetwas sagen. Aber nach zwei, drei Tagen passiert etwas Eigenartiges. Der Impuls zu sprechen hört langsam auf. Man kommt auf eine angenehme Art zur Ruhe. Als ich das Kloster wieder verlassen habe, empfand ich es als fast unangenehm, wieder ständig reden zu müssen."

Innerlich ruhig sein, das ist vor allem ein Gefühl. „Es geht in diesen Momenten nicht darum, Probleme zu lösen, es ist nichts Rationales, es ist emotional. Ich war − wie man so sagt − in meiner Mitte", meint Thomas. Er betont: „Da geht es nicht um etwas Egoistisches. Auch wenn geschwiegen wird, ist man nicht auf sich bezogen, im Gegenteil: Der Fokus richtet sich aufmerksamer nach außen." Das ist wohl auch das, was Thoreau gemeint hat: Allein sein bedeutet nicht, dass man einsam ist.

Innerlich ruhig sein, nichts sagen dürfen, bedeutet nicht, dass man in seiner eigenen, kleinen Welt gefangen bleibt oder dass die Verbindung zu anderen Menschen gekappt ist. „Im Kloster stand ich den anderen auf eine andere Art sehr nahe. Wenn man nichts sagt, nimmt man die andere Person ganz anders wahr, achtet auf Mimik, Gestik. Man wird viel achtsamer."

Schweigen und Alleinsein können wie eine Energie-Tankstelle wirken. Man braucht dafür so wenig. Nur sich selbst, ohne Termindruck, ohne etwas tun zu müssen. Kein Handy, kein Fernsehen, keine Nachrichten, keine Unterhaltung.

Alleinsein, das ist die Quelle für Inspiration und Kreativität. Der Journalist Julius Schophoff bringt es auf den Punkt: „Ich pflege meine Einsamkeit. Ich habe noch nie etwas gepostet, geliked oder getwittert. (...) Ich brauche meine Ruhe." Das Alleinsein ist die Quelle für seine Energie, seine Kreativität. Seine Texte schreibt er allein und diskutiert sie mit niemandem durch, er holt sich kein Feedback und sitzt auch nicht in endlosen Redaktionssitzungen. „Nichts kann ohne Einsamkeit entstehen. (...) Meine besseren Texte habe ich geschrieben, ohne dass jemand davon wusste. (...) Ich habe mir meine Ideen nicht zerreden lassen."

Allein sein und schweigen können mutet auf den ersten Blick sehr langweilig an. Doch das Gegenteil ist der Fall. Für uns moderne Menschen des 21. Jahrhunderts ist das eine ganz neue Form der Erfahrung, Selbsterfahrung im besten Sinn des Wortes. Doch nicht nur das: Ruhe, das ist auch die Grundlage für unsere Fähigkeit zur Konzentration.

Ruhe ist Konzentration

Cal Newport, von dem wir bereits gehört haben, ist Computerwissenschaftler an der renommierten Georgetown University in Washington. Als 37-jähriger Forscher hat er über 100 Fachpublikationen veröffentlicht. Insgesamt wurden seine Arbeiten fast 4000-mal zitiert. Dazu verfasste er sechs Sachbücher für ein breiteres Publikum und betreibt einen Blog. Die Leistungen haben sich ausgezahlt: 2009 Doktor und Assistenzprofessor, 2017 Professor, das alles als junger Familienvater.

Klingt nach Arbeit rund um die Uhr. Doch Newport macht selten Überstunden und arbeitet kaum am Abend. Sein Erfolgsrezept: konzentrierte Arbeit. Was er damit meint, beschreibt er in seinem Buch „Konzentrierte Arbeit" („Deep Work"). In der modernen Wirtschaft, so seine Kernthese, werden jene Wissensarbeiter am erfolgreichsten sein, denen es am besten gelingt, Unruhe und Ablenkung auszublenden. Die es am besten verstehen, konzentriert und in Ruhe zu arbeiten.

Intensive, fokussierte Konzentration auf eine Sache, schwierige Aufgaben schnell und in hoher Qualität zu lösen, ermöglicht größtmögliche Produktivität auf höchstem Niveau. Doch wie geht konzentriert arbeiten? Newport gibt uns dafür vier Tipps: Konzentrierte Arbeit braucht Zeit. Dafür müssen Zeitblöcke im Terminkalender reserviert werden. In dieser Zeit werden Anrufe umgeleitet, keine eingehenden E-Mails gecheckt, mögliche Besucher ausgesperrt. Der zweite Tipp: Schätze Langeweile. Damit konzentriertes Arbeiten möglich wird, müssen wir lernen, uns beim Aufkeimen von Langeweile nicht gleich wieder abzulenken. Newport identifiziert mit dem dritten Tipp den seiner Meinung nach größten Zeiträuber: Social Media. Darauf soll man überhaupt verzichten. Tipp vier: Reduziere oder delegiere oberflächliche Arbeit. Was das ist? Je geringer der Ausbildungsaufwand für eine Tätigkeit, desto weniger hochwertig, desto oberflächlicher.

In der Praxis kann man es sich leider selten aussuchen, was man arbeitet. Aber bei dem Teil des Zeitmanagements, den man selbst unter Kontrolle hat, kann man versuchen, sich durch diese Hinweise inspirieren zu lassen und bewusst an seiner Fähigkeit zur Konzentration zu arbeiten sowie sich dafür routinemäßig Zeiten zu reservieren.

Zeit für fokussierte geistige Anstrengung schaffen, das mag ein wenig an altbackene Sprüche wie „Ohne Fleiß kein Preis" erinnern oder sogar selbstverständlich scheinen. Tatsächlich jedoch kommt die konzentrierte Arbeit im Weltbild des modernen Wirtschaftslebens nicht vor. Sicher, es geht um Produktivität und Effizienz, aber auf die Ebene konzentrationsfördernder Arbeitsbedingungen und des Arbeitsverhaltens kommt die Diskussion kaum.

Die meisten Unternehmen sind versessen darauf, dass nicht zu wenig Zeit gearbeitet wird. Doch das ist ja nicht das Problem. Die meisten Menschen verbringen zwar acht Stunden an ihrer Arbeitsstelle, aber wie viele davon wirklich produktiv? Meetings, Anrufe, Unterbrechungen, E-Mail-Kommunikation erschweren uns den Aufbau eines Workflows. Das ist gerade in Branchen, in denen Innovationen und Wissensarbeit gefragt sind, ein enormer Verlust.

Konzentration ist eine innere Aktivität und nicht von außen einsehbar. In einer Welt, in der Aktionismus und Kommunikation alles gilt, ist das suspekt, weil schwer kontrollierbar. „Viel reden, wenig sagen und noch weniger tun", ist die Maxime in den Organisationen des 21. Jahrhunderts, so der Journalist Wolf Lotter: Wir leben in einer Welt des „blinden Eifers".

Konzentrierte Arbeit bringt nicht nur mehr, sondern fühlt sich auch besser an. Wer nach Stunden fokussierter Aufmerksamkeit ein Problem löst, eine wichtige Aufgabe abgearbeitet hat, geht mit einem Hochgefühl nach Hause. Nach einem zerstückelten Arbeitstag dagegen berichten Angestellte nicht selten von Irritation, innerer Unruhe, diffuser Unzufriedenheit. Klar, man hatte

Stress, war beschäftigt, aber die eigenen Arbeitsergebnisse, der Erfolg ist kaum greifbar.

Ruhe ist Konzentration, nicht nur in der Wirtschaft. Auch im Spitzensport. Der Fokus auf eine schwierige Aufgabe unter hohem Druck gehört dort zum Alltag. Peter Hackmair war einst Profi-Fußballer und ist heute gefragter Redner, Coach und erfolgreicher Buchautor („Träum weiter"). „Der Unterschied zwischen Erfolg und Misserfolg ist oft diese mentale Fähigkeit, zu fokussieren, die innere Ruhe zu halten", sagt er mir im Telefongespräch. Nicht die spielerische Qualität, nicht das Talent. Entscheidend ist die innere Ruhe, Höchstleistungen möglichst konstant abrufen zu können. „In vier von fünf Spielen, in 80 von 90 Minuten", sagt Hackmair.

Auf Profiniveau sind die körperlichen Grenzen ausgereizt, der Kopf entscheidet. „Man muss im Moment sein, darf nicht abgelenkt sein durch störende Gedanken wie ‚Wenn das nicht klappt, stellt mich der Trainer nicht mehr auf', ‚Wenn wir hier verlieren, rutschen wir in der Tabelle ab' oder ‚Was wird die Presse schreiben, wenn ich wieder nicht treffe?' "

Wer mental in der Spielsituation bleibt, ablenkende Gedanken, aber auch negative Inputs von Fans, Gegen- und Mitspielern ausblendet, kommt leichter in den Flow-Zustand. Jeder Pass, jeder Haken, jeder Spielzug gelingt, man kann sich das dann auch selbst nicht wirklich erklären. „Für mich, und das würde mir auch von Weltklassespielern bestätigt, war es leichter, vor einer Kulisse mit 45 000 Zuschauern innerlich ruhig und fokussiert zu bleiben als bei einem Pokalspiel gegen einen Unterligaclub mit ein paar hundert Zuschauern. Die Geräuschkulisse ist in den größeren Stadien abstrakter, nicht konkreten Personen zuzuordnen", so Peter Hackmair.

Fußball ist ein Teamsport. Die innere Ruhe oder Unruhe des einzelnen Spielers, vor allem der Führungsspieler, überträgt sich auf die anderen. Das erklärt, wenn eine Mannschaft schlimm in Rückstand kommt, dass schon einfache Pässe nicht mehr gelingen. Dass selbst für TV-Zuschauer die Angst und Unsicherheit auf den Gesichtern der Spieler lesbar ist. Die Konzentration ist wie weggeblasen. Die Gedanken sind nur noch beim Ergebnis, bei den Konsequenzen, was noch alles passieren kann – aber nicht am Platz, nicht da.

Mental in der Situation zu sein ist eine wichtige Grundlage für den Erfolg. Dafür ist es notwendig, ablenkende Reize auszublenden, bei sich zu sein und zu bleiben. Wie man das macht, davon wird später noch die Rede sein. Eine Sportart, bei der das Zur-Ruhe-Kommen eine besondere Bedeutung hat, ist Biathlon. Intensive körperliche Aktivität und tiefe, ruhige Konzentration wechseln sich beim Langlaufen und Schießen ab – zwei Situationen, die sich körperlich komplett widersprechen.

Kati Wilhelm hat in diesem Sport alles gewonnen, was es zu gewinnen gibt. Sie holte in ihrer aktiven Biathlonkarriere insgesamt zwanzig Medaillen bei Olympischen Spielen und Weltmeisterschaften. Sie ist damit eine der erfolgreichsten deutschen Athletinnen. Auf diesem absoluten Weltklasse-Level kommt es nur noch auf Kleinigkeiten an, die den Unterschied ausmachen. Eine Schlüsselsituation sind die letzten Langlaufmeter auf der Loipe vor dem Einlauf ins Stadion zum Schießstand. „Man hat da immer einen Plan, eine Marschroute", erklärt mir Kati Wilhelm am Telefon. Die Athletinnen werden langsamer, der Blick geht zu den Windfahnen, bevor die automatisierten Handgriffe zur Vorbereitung des Schießens ablaufen. Körperlich ruhiger werden ist hier wichtig. „Der ideale Pulsschlag liegt etwa bei 150, 160", schildert sie. Bleibt der Puls zu hoch, ist ein sicheres Zielen nicht möglich. Doch wenn der Herzschlag zu weit abfällt, beginnt der Körper zu zittern. Man kommt dann, wie Biathletinnen es nennen, „in die Nähmaschine". Auch hier sind Fehlschüsse programmiert.

Topathletinnen haben die Bewegungsabläufe so stark internalisiert, dass sie praktisch automatisch ablaufen. Das Schießen ist gar keine bewusste Entscheidung mehr, sondern geschieht, wenn es sich richtig anfühlt. Ein zentrales Instrument, um sich selbst zu „beruhigen" und diese Bewegungsabläufe zu steuern, ist die kontrollierte Atmung. Sie gibt auch den Takt beim Schießen vor. Auf diesem Niveau machen Kleinigkeiten den Unterschied, etwa, wie geht man mit Ablenkungen um, veränderten Windverhältnissen, der Konkurrentin neben sich, die einen Tick schneller zu schießen beginnt und immer schon getroffen hat, wenn man selbst noch zielt?

„Auch die Zuschauer können ein Ablenkungsfaktor sein", sagt Kati Wilhelm. Wenn Zuschauer nach den Treffern jubeln, ist das für Sportler natürlich super: „Man möchte das gleich wieder haben und wird vielleicht einen Tick zu sicher, schießt zu schnell, verlässt den automatisierten Ablauf." Nach Fehlschüssen geht es darum, dass innere Kino mit Berechnungen zu Rückstand und Strafrunden, auszuschalten.

Ablenkungen auszuschalten ist auch im Biathlon ein wichtiger Erfolgsfaktor. Der Psychologe Sigurd Baumann schlägt für Mentaltrainings die Schaffung eines mentalen Kontrollraumes als wirksame Methode vor, um in entscheidenden Situationen ruhig und konzentriert zu werden. Dabei visualisiert die Athletin einen fiktiven Raum, eine Glaskugel, einen Schutzpanzer, der alle störenden Einflüsse ausblendet. In diesem Raum „bin ich zuversichtlich und stark", ist dabei das Motto. Es entsteht eine positive Grundstimmung bei ruhiger Konzentration auf die nächste Aufgabe.

Bevor John Grisham Bestsellerautor wurde, war er ein vielbeschäftigter Anwalt mit wenig Zeit. Wie sollte er da auch noch Bücher schreiben? Er stand um fünf Uhr auf und nutzte die ruhigen Stunden vor Bürobeginn, um an seinem ersten Roman zu schreiben. Die morgendliche Ruhe ermöglichte die erforderliche Konzentration. Er pflegte dieses Ritual jeden Tag, so lange, bis schließlich sein erster Roman fertig war.

Die Liste jener Leistungsträger, für die Ruhe die Basis ihrer herausragenden Tätigkeiten war, ist lang. Und sie waren bei Weitem nicht alle introvertiert. Der britische Premier Winston Churchill war aktiver Maler und Schriftsteller und arbeitete auch handwerklich, um die Ruhe zur Konzentration auf komplexe Probleme zu erreichen. Die Philosophen Friedrich Nietzsche und Immanuel Kant waren eifrige Spaziergänger, genauso wie Ludwig van Beethoven.

Konzentration setzt also voraus, dass wir in der Lage sind, die notwendige innere und äußere Ruhe herstellen zu können. Die innere Aktivität wird fokussiert, wird klar auf eine Aufgabe, ein

Problem, eine Tätigkeit, einen Gegenstand ausgerichtet. Das ist eine Herausforderung, die manchen Menschen leichter fällt als anderen und mit der jeweiligen Persönlichkeit zusammenhängt.

Die Sprachwissenschaftlerin und Autorin Sylvia C. Löhken beschäftigt sich seit Jahren intensiv mit dem Thema Introversion und Extroversion. Extrovertierte gehen in Gesellschaft auf, lieben das Bad in der Menge und im Mittelpunkt der Aufmerksamkeit zu stehen. Sie reden gerne, allein wird ihnen schnell langweilig. Oft sind sie rhetorisch gut, können sich fantastisch präsentieren. Introvertierte dagegen wirken nach außen ruhig, in sich gekehrt. Sie sind weit weniger auf Stimulation von außen angewiesen.

Löhken verweist auf verschiedene Stärken, die mit Introversion verbunden sind. Eine davon nennt sie Substanz: Ruhige Menschen verarbeiten Informationen von außen detaillierter. Sie haben mehr innere Tiefe, hinterfragen das Oberflächliche. Ihnen fällt es in der Regel leichter, die innere Ruhe aufzubringen, um sich zu konzentrieren.

ÜBUNG

In welchen Bereichen möchten Sie Ihre Substanz, Ihren Tiefgang besonders kultivieren? Beruflich-fachlich, persönlich-freundschaftlich, in der Beziehung zum Partner, in der Beziehung zu den Kindern, ...?

Leider haben es die ruhigen, konzentrierten Menschen schwer. Wer am meisten und lautesten schreit, wird gehört. Laut der Autorin Susan Cain ist Extroversion in der Gesellschaft das Idealbild. Introvertierte werden nicht selten als schüchtern, unwichtig oder gar als krank angesehen. Extrovertierte, auf oberflächliche Kommunikation ausgelegte Verhaltensweisen werden in allen Lebensbereichen systematisch bevorzugt.

Leider weisen rhetorisches Talent und Sachverstand nicht den geringsten Zusammenhang auf. Das hat negative Auswirkungen, nicht nur auf Einzelne, sondern auch für die Gesellschaft als Ganzes. Wer sich nicht konzentrieren kann, dem fehlt die Substanz zur detaillierten Analyse. Gedankenlose Oberflächlichkeit und ein Mangel an Tiefgang führen zu „einfachen Lösungen" komplexer Probleme und zu systematischen Fehlentscheidungen. Ein Beispiel: Wenn ein schwieriges Problem in einem Unternehmen nicht von Einzelnen konzentriert durchgedacht wird, sondern im Gruppen-Brainstorming bearbeitet wird, passiert Folgendes: Die Gruppenmitglieder müssen über das Problem nachdenken, aber gleichzeitig auch über ihren Status in der Gruppe. Wir tendieren in solchen Situationen dazu, die Gruppenmeinung zu bestätigen. Und die wird meist von den lauten, oberflächlichen Menschen vorgegeben.

Tiefgang und Substanz erfordern, sich ruhig und intensiv mit den wichtigen Dingen auseinanderzusetzen. Wir sollten diese Energie aufbringen, als Einzelne, aber auch als Gesellschaft.

IMPULSE FÜR MEHR GELASSENHEIT

Ruhig sein – wenn das so einfach wäre! Tatsächlich ist es leichter, als man denkt. Man braucht dafür keine teuren Wellnessurlaube zu buchen, ins Kloster zu gehen oder den Kilimandscharo zu besteigen. Das Geheimnis der Ruhe liegt in der bewussten Gestaltung der Umwelt und des eigenen mentalen Lebens. Ruhe will gelernt sein. Es bedeutet auch, dass man sich immer wieder für ruhigere Elemente im Leben entscheidet, dass man an den Weggabelungen eher der Stille den Vorzug gibt als dem Lärm. Tipps und Übungen für mehr Ruhe im Leben finden Sie im folgenden Kapitel.

Ruhe lernen, Ruhe nutzen

Mehr Ruhe in unsere laute Welt zu bringen, das fällt uns im Alltag schwer. Zu oft haben wir das Gefühl, fremdbestimmt zu sein, zu wenig Einfluss zu haben auf unsere Seelenruhe. Und so geben wir auch gerne den anderen die Schuld an unserer Unruhe. Doch eigentlich ist es sehr einfach, ausgeglichener zu sein. Wir brauchen dafür keine Kurse, Ausbildungen oder Expeditionen. Wir müssen dafür auch keine Künstler, Wissenschaftler oder Sportler sein. Es reicht, einmal die Perspektive zu wechseln.

Es ist eines der Stereotype konservativer Kulturkritik, dass alle nur noch Spaß haben und das Leben genießen wollen und niemand mehr sich dem Ernst des Lebens stellt und z. B. etwas arbeitet. Ich glaube, das Gegenteil ist richtig. Unsere Fähigkeit und Zeit zu genießen haben in den letzten Jahrzehnten massiv gelitten. Ja, das liegt an der Geschwindigkeit unseres Lebens, am Arbeitsstress und vielen anderen Dingen. Aber viel wichtiger: Wir verwechseln „genießen" systematisch mit „etwas konsumieren". **Genießen** bedeutet, in der Lage zu sein, das Leben von Grund auf zu bejahen, mit allen positiven und negativen Seiten.

Schreiben ist wie eine Therapie für die Seele. Zahlreiche berühmte Persönlichkeiten, aber auch viele „normale Menschen" nutzten und nutzen das Tagebuch für mehr Seelenruhe im Leben. Ich stelle Ihnen einige wissenschaftlich fundierte Vorschläge zusammen, wie Sie das Schreiben möglichst einfach und effektiv für sich nutzen können.

Schlafen ist eine der am meisten unterschätzten und verunglimpften Aktivitäten (ja, es ist eine Aktivität!) des modernen Lebens. Zu Unrecht! Wie wir unsere Schlafqualität verbessern und unsere Schlafhygiene entwickeln, davon später mehr.

Man darf auch noch ein paar persönliche Geheimnisse haben, es ist nicht nötig, alles zu posten. Nicht alles öffentlich zu machen, was privat ist, reduziert das Umgebungsrauschen und erhöht die Ruhe. Darauf zu achten, dass Privates auch privat bleibt, nenne ich im betreffenden Abschnitt **Biedermeiern.**

Eine der wirksamsten Methoden, Seelenruhe zu erlangen, ist das **Vergeben.** Sie reduziert die mentale Unruhe, die durch das Grübeln über die eingebildeten oder tatsächlichen Untaten anderer Menschen entsteht. Noch wichtiger – das werden wir in diesem Abschnitt sehen – ist, dass wir uns selbst vergeben können.

Wer auf der Flucht vor sich selbst ist, kann nicht still sein. Wer Ruhe sucht, muss es mit sich selbst aushalten können. Bewusstes **Mit-sich-Sein** kann man lernen – es ist gar nicht so schwer.

Noch leichter ist es, die Schuhe anzuziehen und einen Spaziergang zu machen. Die beruhigende Wirkung des In-der-Natur-Seins ist wissenschaftlich belegt. Davon mehr im Abschnitt **Rausgehen.**

Für mehr Stille im Leben reicht es manchmal auch, einfach einmal nichts zu sagen. **Schweigen** muss nicht bedeuten, Probleme oder Schwierigkeiten unter den Teppich zu kehren. Es kann auch heißen, mit sich selbst im Einklang zu stehen. Wer weniger spricht, gibt dem, was er sagt, mehr Gewicht.

Weniger ist mehr – das gilt auch für all die materiellen Dinge, die uns gehören. Wir haben so viel, dass uns vor lauter Dingen kaum Luft zu atmen bleibt. Unsere Wohnungen sind vollgeräumt mit Gegenständen, die wir kaum oder gar nicht brauchen. Wer einmal mit dem **Entrümpeln** beginnt, merkt schnell, wie viel Spaß das machen kann. Verkaufen, verschenken, wegwerfen – jedes Ding, das weg ist, bringt mehr Platz, nicht nur räumlich, auch mental.

Entrümpeln

Den Raum frei machen für die Stille. Kinderwagen, alte Möbel, Kisten voller Kleidung, alte Ordner, Studienunterlagen. Einiges hat man vom letzten Umzug mitgenommen und blieb seitdem ungeöffnet. Brauchen Sie Dinge, die Sie jahrelang nicht benutzt haben? Die Antwort ist offensichtlich. Und Sie werden sehen: Beim großen Ausmisten werden Sie eine merkwürdige Erleichterung spüren. Kann es sein, dass Besitz auch irgendwie belasten kann? Also: Entrümpeln als Akt der Psychohygiene. Was weg ist, was Sie nicht mehr haben, darüber brauchen Sie auch nicht mehr nachzudenken.

Was für Dinge und den eigenen Dachboden gilt, gilt auch für das mentale Gerümpel, das wir Tag für Tag herumschleppen. Die Psychotherapeutin Amy Morin gibt in ihrem Buch „13 Dinge, die mental starke Menschen nicht tun" einen schönen Überblick über unsere Ruheräuber, die es sich auf unserem mentalen Dachboden gemütlich gemacht haben.

Über vergebene Chancen nachzugrübeln oder vor Jahren getroffene Lebensentscheidungen zu hinterfragen, sollten Sie zur Ausnahme machen. Wer den Fokus auf die eigenen Möglichkeiten und den eigenen Einflussbereich legt, tut sich leichter, die Schuld nicht immer bei den anderen zu suchen. Selbstmitleid und der Glaube, zu kurz gekommen zu sein, erzeugen nur Wut. Davon gibt es schon genug. Die Welt schuldet uns gar nichts. Vergeuden wir keine Lebenszeit damit, das zu glauben. Denken Sie an die Menschen, die sich in Internetforen wüst beschimpfen. Stellen Sie sich vor, wie produktiv es wäre, wenn all diese Energie in die eigenen Beziehungen, Angelegenheiten,

Ziele investiert werden würde? Ängstliche Gedanken über die Zukunft, Kleinigkeiten aufzubauschen rauben uns Energie, nimmt uns die Zeit und den Raum für mehr Ruhe und wichtigere Dinge.

„Love people. Use things. The opposite never works", heißt es bei den Minimalismus-Gurus Joshua Fields Millburn und Ryan Nicomedus. Besitz und Statussymbole zu reduzieren, das ist Entrümpeln. Den Fokus auf Menschen, Erfahrungen und Orte richten verhilft uns zu mehr Klarheit und zur nötigen Ruhe, um zu sehen, was wirklich wichtig ist.

Warum ist Entrümpeln so schwer? Jahrtausende waren Menschen Jäger und Sammler. Das prägt uns bis heute in die Zeiten des Überflusses. Wir nehmen, was wir kriegen können, nehmen noch immer alles mit, was gratis ist, und schaufeln uns beim Buffet mehr auf den Teller, als wir essen können. Wir kaufen beim Sonderangebot den Supermarkt leer, auch wenn wir vieles davon gar nicht brauchen – nur, um es wieder wegzuwerfen. Wir horten die Dinge, weil sie uns von der Angst befreien, etwas nicht zu haben, sollten wir es doch eventuell einmal brauchen.

So wie wir im Chaos all unserer Dinge nichts mehr finden, verstellt uns auch das Gerümpel im Kopf den Blick auf das Wesentliche. Das Ergebnis ist Konfusion. Es ist merkwürdig: Je mehr Möglichkeiten wir haben, je mehr Entscheidungsalternativen uns offenstehen, desto unzufriedener werden wir.

Der Psychologe Barry Schwartz nennt das das „Paradox der Wahl": Stehen uns viele attraktive Optionen offen, haben wir immer das Gefühl – egal wie wir uns entscheiden –, dass die nicht gewählten Möglichkeiten besser sein könnten. Im Extremfall macht uns das entscheidungsunfähig. Mit fatalen Folgen: Wer sich alles im Leben offenhält, verpasst eigentlich alles. Zu allem einmal Ja sagen, das klingt zunächst gut. In Wahrheit ist es nur das Symptom der eigenen Ziellosigkeit. Die Angst, etwas zu versäumen, etwas Wichtiges zu verpassen, gibt es auch als digitale Entsprechung: das Gefühl, von Informationen abgeschnitten zu sein, nicht dazuzugehören. Wir brauchen Orientierung, und deshalb vergleichen wir uns mit anderen. Heute sind die Möglichkeiten zum Vergleich grenzenlos. Haben die anderen eine bessere Zeit als ich? Esse ich im angesagtesten Restaurant? Ist das die richtige Schule für meine Kinder, was sagen die anderen?

Keine Frage, soziale Medien können helfen, mit Freunden in Kontakt zu bleiben, und unser soziales Leben bereichern. Doch die Angst, etwas zu verpassen, abgehängt zu werden oder nicht mehr dazuzugehören, lassen uns lediglich digitalen Müll anhäufen, der uns zunehmend die Sicht auf das Wesentliche verstellt. Forschungsdaten zeigen, dass Menschen, die sich aktiv in sozialen Netzwerken bewegen, um Freundschaften zu pflegen, sich auch besser fühlen.

Wer Social Media dagegen hauptsächlich passiv nutzt und nur schaut, was andere machen, löst damit eine mentale Negativspirale aus. Neid und negative Gefühle führen zu einer schlechteren Befindlichkeit. Kein Wunder: Es legt den Fokus auf alles, was wir nicht haben, aber theoretisch haben könnten, wir bekommen Bilder von Perfektion und Optimierung vermittelt, denen wir nicht genügen können. Wir fühlen uns schlecht.

Entrümpeln gilt daher auch für die digitale Welt, denn die digitale Müllhalde verödet zwar nicht unsere Wohnung, dafür aber unsere Psyche und bringt unsere Seelenruhe aus dem Gleichgewicht.

● **WAS SIE JETZT TUN KÖNNEN**

- Was zwei Jahre im Keller herumsteht, wird meist nicht mehr gebraucht. Die Lösung: verschenken, verkaufen, entsorgen.
- Woran erkennen Sie digitalen Mist? Unterstützen technische Geräte und Apps Ihr reales Leben? Oder machen sie nur zusätzliche Arbeit? Versäumen Sie deshalb andere, wichtigere Dinge? Ermöglichen Ihnen soziale Medien, reale soziale Beziehungen aufzunehmen, aufrechtzuerhalten und zu vertiefen? Oder nehmen Sie Ihnen nur die Zeit, um sich mit Freunden in der Realität zu treffen?
- Der digitale Mist ist definitiv zu viel, wenn Sie regelmäßig aufgrund Ihrer Online-Aktivitäten die Zeit übersehen, zu spät kommen, wichtige Dinge vergessen oder (beinahe) Unfälle haben. Reduzieren Sie bewusst die Online-Zeit.
- Treffen Sie bewusst Entscheidungen. Lesen Sie die Speisekarte immer mehrmals durch, weil Sie sich nicht entscheiden können? So viele gute Sachen? Lesen Sie einmal nur so weit, bis sie die erste Speise sehen, die Sie mögen, und wählen Sie die gleich aus. Auch in anderen Lebensbereichen lohnt es sich, die *eine, ausgewählte Sache* richtig zu machen und nicht immer daran zu denken, was wäre, wenn ...
- Entrümpeln heißt nach vorne schauen.

Schweigen

*Eine schwierige und mühevolle Behandlung unternimmt die
Philosophie, wenn sie die Schwatzhaftigkeit heilen will.*

Plutarch, griechischer Schriftsteller, 1./2. Jh. n. Chr.

Die Abendsonne färbt den Horizont rot, gleich wird sie untergehen. Die meisten Badegäste sind gegangen. Nur ganz vereinzelt ist noch jemand im Wasser. Einige wenige packen noch in aller Ruhe ihre Badesachen zusammen. Nur ein junges Paar sitzt noch ganz vorne am Meer. Immer wenn die Wellen wieder Land erreichen, tauchen ihre Füße ins Wasser. Sie halten sich bei den Händen. Schauen abwechselnd aufs Meer und lächeln sich dann wieder an. Sie sagen nichts. Hier braucht nichts gesagt zu werden. Das Schweigen ermöglicht das Spüren der inneren Verbundenheit, das Genießen dieses gemeinsamen Moments.

Für viele von uns ist Schweigen schwer auszuhalten. Doch wer immer selbst redet, erfährt nichts von anderen. Schweigen ist die Bereitschaft zu hören. Bei dem Philosophen Sören Kierkegaard findet sich die Vorstellung, dass nur durch das Schweigen die nötige Offenheit für Gott entsteht. Schweigen hat in der christlichen Religion eine moralische Dimension und ist gleichzeitig eine Methode. Schweigen bringt uns innere Ordnung, befreit uns von Wut und Aggression, bedeutet Loslassen. Durch das innere Schweigen werden unsere Bedürfnisse und Wünsche ein bisschen weniger wichtig.

Es ist paradox. Ausgerechnet das Nichtsprechen bringt uns näher an die Menschen heran. Wir haben vorhin schon von den Auszeiten des Psychologen Thomas E. gehört, die er gern im

Schweigekloster verbringt. Am Anfang des Aufenthalts ist der Drang zu sprechen noch groß. Erst allmählich lässt er nach und verändert die Wahrnehmung. Thomas E. berichtet: „Mir fiel auf, dass ich die anderen Menschen ganz anders wahrnahm. Ich achtete auf Gesten, auf die Mimik, alles war viel feinfühliger. Ich war viel offener, den Menschen um mich viel näher als im Alltag."

Im Lärm des Alltags bleiben die Signale von Mimik und Gestik oft unerkannt oder unbestimmt. Wir nehmen aus einem Gespräch nur eine merkwürdige Stimmung mit, die wir nicht einordnen können, weil wir nicht genau hinsehen. Oder weil wir die Signale des Gegenübers falsch einordnen. Meist ist daran nicht die mangelnde soziale Kompetenz oder eine nicht vorhandene Empathie Schuld, sondern dass wir abgelenkt, zerstreut und unkonzentriert sind.

Beim Stillsein geht es nicht darum, Probleme totzuschweigen oder unter den Teppich zu kehren. Aber wie oft reden wir, ohne wirklich etwas zu sagen? Wie häufig wird gesprochen, ohne die wesentlichen Dinge auch nur zu berühren? Kein Wunder: Denn wie sollen wir erkennen, dass es wirklich etwas zu sagen gibt, wenn wir immer reden und Lärm machen? Schweigen, das bedeutet eben auch zu hören: Hören, was andere sagen, in sich selbst hineinhören, hören, was uns das Leben zu sagen hat.

In diesem Sinne ist nicht verwunderlich, dass Schweigen auch in der Psychotherapie eingesetzt wird. Obwohl hier das Gespräch im Mittelpunkt steht, sind die Pausen von großer – aber oft unterschätzter – Bedeutung. Der Therapeut kann das Schweigen aktiv nutzen. Wenn der Klient zu Ende gesprochen hat, etwas fertig erzählt hat, kann er durch sein Schweigen Mitgefühl signalisieren oder auch einen psychischen Raum erzeugen, den der Klient für sich nutzen kann. Der Klient kann selbst noch einmal über das Gesprochene nachdenken, vielleicht an eine Problemlösung denken oder auch Gefühle zum Ausdruck bringen.

Der Psychotherapeut Frederick McDonald berichtet in diesem Zusammenhang von einem interessanten Phänomen. Obwohl manche Patienten ihre Problemstellungen in die Tiefe besprochen und analysiert haben, machen sie kaum Fortschritte. Ein ähnliches Phänomen wird für das therapeutische Debriefing berichtet: Unmittelbar nach einem belastenden Ereignis wird man dazu angeleitet, das Erlebte zu erzählen, ja nochmals geistig zu erleben und damit zu verarbeiten. Studien haben gezeigt, dass dieses Vorgehen zum Teil wirkungslos, zum Teil sogar mit höherer Wahrscheinlichkeit zu einer posttraumatischen Belastungsstörung führen kann. Man kann eben auch zu viel sprechen, zu viel denken und zu viel analysieren.

Irgendwann gibt es einen Punkt, wo man nicht mehr weiterkommt, wo man Dinge vielleicht auch einmal so stehen lässt, wo kein weiteres Wort, kein weiterer Gedanke mehr nötig ist. Dann ist es Zeit zu schweigen – nach außen hin, aber auch Zeit, um den inneren Monolog zu unterbrechen. Ernest Hemingway soll einmal gesagt haben, der Mensch brauche zwei Jahre, um sprechen zu lernen, aber fünfzig, um schweigen zu lernen.

Schweigen ist eine Kunst. Im richtigen Moment nichts zu sagen, kann Konflikte entschärfen. Wenn man sich von der Wut mitreißen lässt, weil man gekränkt ist, sich ungerecht behandelt fühlt, gibt ein Wort das andere. Das Gespräch wird immer schneller und emotionaler. Erst wenn man diese Entwicklung unterbricht – indem man nicht weiterredet – kann man den Konflikt entschärfen. Ein „Lass uns später darüber reden" verschafft uns Zeit. Zeit, nachzudenken und Klarheit zu bekommen, eine schwierige Situation zu überdenken oder in einem Konflikt die Sache von der Emotion zu trennen. Die Seite des anderen zu sehen, zu verstehen, warum der andere so handelt.

Schweigen ist kein Allheilmittel. Doch im richtigen Moment einmal nichts zu sagen, die Dinge so stehen zu lassen, wie sie sind – das ist eine Methode für mehr innere Ruhe. Je öfter wir das tun, desto besser wird auch unser Gefühl dafür, wann es wirklich etwas zu sagen gibt.

WAS SIE JETZT TUN KÖNNEN

- Eine Filmszene wie aus dem Leben. Eine Frau und ein Mann warten auf eine dritte Person, mit der sie beruflich verabredet sind. Der Mann beginnt über das Wetter zu sprechen, Smalltalk eben. Die Frau sagt trocken: „Es ist okay, wenn wir jetzt nichts reden." Versuchen Sie nicht, zwanghaft ein Gespräch am Laufen zu halten, obwohl es eigentlich nichts zu sagen gibt. Machen Sie es wie die Frau und geben Sie Ihrem Gegenüber zu verstehen, dass man nichts sagen muss. Das mag manchen irritieren, aber viele einfach auch erleichtern.
- Üben Sie sich im Zuhören: Was ist das Anliegen des Gesprächspartners, was will er Ihnen sagen? Vergessen Sie für einen Augenblick die eigene Agenda. Übernehmen Sie seine Perspektive.

Rausgehen

„Der Junge muss an die frische Luft", heißt es bei Hape Kerke-
ling – und tatsächlich ist das Rausgehen die banalste, aber
gleichzeitig die wirkungsvollste Möglichkeit, zu innerer Ruhe zu
kommen. Wir müssen dafür keinen Sport betreiben, keine teure
Ausrüstung kaufen oder an entlegene Orte reisen. Einfach spazieren zu gehen reicht aus.

Es gibt seit Langem eine fundierte wissenschaftliche Datenlage
dazu, dass schon moderates Gehen signifikante Auswirkungen
auf den Gesundheitszustand hat. Experten gehen davon aus,
dass, wenn jeder nur tausend oder zweitausend Schritte pro Tag
mehr zu Fuß ginge, der Anteil an Übergewichtigen bei gleicher
Kalorienzufuhr massiv sinken würde. Dies hätte alle möglichen
positiven Folgewirkungen. Weniger Herz-Kreislauf-Erkrankungen, weniger Diabetes und so weiter.

Doch Spazierengehen hat nicht nur positiven Einfluss auf
unsere körperliche Gesundheit und Fitness, sondern stärkt auch
unsere Psyche. Auch dafür gibt es wissenschaftliche Belege. Der
Forscher Raymond de Young beschäftigte sich in einer Forschungsarbeit mit der Frage, inwieweit Spazierengehen die –
wie er es nennt – mentale Vitalität unterstützt.

De Young geht davon aus, dass unsere Lebensumgebungen
im Alltag so konstruiert sind, dass sie unsere Aufmerksamkeit
überstrapazieren. Es gibt zu viele Reize, wir erleben ständige
Ablenkungen. Es kostet sehr viel Kraft, in einer solchen Umgebung den Fokus auf die eigenen Lebensprioritäten zu legen. Die
mentale Vitalität leidet, wenn die Prioritäten verschwimmen,

wir uns nicht mehr konzentrieren und entscheiden können, wenn wir erschöpft und wie betäubt handeln. Spazieren gehen in der Natur, so sein Befund, hilft uns dabei, uns vom Alltag zu erholen und damit unsere mentale Vitalität zurückzugewinnen. Psychologische Forschung bestätigt, dass schon der Aufenthalt in der Natur positive Auswirkungen auf unsere mentale Effektivität, auf unser emotionales Gleichgewicht und unser Wohlbefinden hat.

Ein Beispiel: Stellen Sie sich einen üblichen Büroalltag vor. Sie kommen morgens, nachdem Sie die Kinder in die Schule gebracht haben, ins Büro. Gerade noch pünktlich, aber wie immer auf den letzten Drücker, weil sich Ihr Ältester geweigert hat, eine Jacke anzuziehen. Sie haben bereits Diskussionen über den Sinn des Zähneputzens und die Menge der Butter auf dem Frühstücksbrot hinter sich. Sie haben das Matheheft gesucht und unter dem Bett gefunden. Nun betreten Sie das Büro, das Telefon läutet. Sie heben ab, ohne die Jacke auszuziehen. Es ist Ihr Chef. „Guten Morgen", sagen Sie. „Haben Sie meine Mail nicht gelesen?", schimpft er. „Ähm ... Moment", sagen Sie, da klopft es, eine Kollegin braucht ganz dringend etwas. Sie kommen an diesem Vormittag gefühlt zu gar nichts. In den Pausen arbeiten Sie durch, Ihr Mittagessen verschlingen Sie nebenbei am Arbeitsplatz. Ein Spaziergang wäre die bessere Lösung für Ihre mentale Vitalität. Warum?

Die Erklärung liefert die sogenannte Attention Restoration Theory (ART), also die Theorie zur Wiederherstellung der Aufmerksamkeitsfähigkeit: Aufmerksamkeit und Fokus kosten Energie, umso mehr, als wir uns gegen ständige Ablenkungen von allen Seiten wehren müssen. Direkte Konzentration auf eine Aufgabe

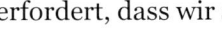

erfordert, dass wir störende Gedanken und Emotionen ausblenden und verschieben. Die ART geht nun davon aus, dass das Gehirn nach Belastung in einen anstrengungsloseren Modus wechseln muss, um sich zu erholen und die mentale Vitalität wieder zu stärken. Wir spüren, dass wir eine Pause brauchen, oder bezeichnen uns selbst als „urlaubsreif".

Die einfachste und kostengünstigste Möglichkeit, die leeren Akkus wieder aufzuladen, ist das Spazierengehen in der Natur. Unsere Aufmerksamkeit ist frei von Alltagsaufgaben, wir können reflektieren, uns der Umgebung widmen. Einen bekannten Weg gehen, als gingen wir ihn das erste Mal. Uns an kleinen Dingen erfreuen. Wir haben das Gefühl, „weg zu sein" und werden von einer natürlichen Umgebung sanft und unaufdringlich abgelenkt.

De Youngs Studie hat ergeben, dass diese Form der Erholung keine aufregenden Landschaften braucht, für die man weite Anreisen unternehmen muss. Es reichen ein paar grüne Flächen in unserer Wohnumgebung. Wichtig dabei ist die „Kohärenz des Raumes", wie Umweltpsychologen das nennen: leichte Orientierung, die durch Abwechslung, aber auch innere Zusammengehörigkeit der Landschaft entsteht. Eine Übersichtsstudie zeigt zudem, dass allein das Betrachten von natürlichen Landschaften zur Erholung von Stress und mentaler Erschöpfung, zu einer schnelleren Regeneration und zu einer generell verbesserten Gesundheit führen kann.

Rausgehen ist einfach. Wir brauchen kein Training, kein Seminar, keine Ausrüstung, es kostet nichts. Wir müssen nur raus. Ein bisschen mehr gehen als sonst, am besten in die Natur, aber auch dazu braucht es keine teuren Reisen zu großen Naturwundern. Es reicht der Park, die Grünfläche vor der Tür, zwei, drei Bäume, die irgendwo zusammenstehen. Ein schönes Blatt, eine Kastanie, eine Blume können uns die Welt um uns herum vergessen lassen oder helfen, das große Ganze zu sehen – und uns unserer Seelenruhe wieder näherbringen.

WAS SIE JETZT TUN KÖNNEN

- Nutzen Sie Ihre Mittagspausen, um einmal an die frische Luft zu gehen. Verlassen Sie zumindest Ihren Arbeitsplatz – vor allem wenn Sie zu Hause arbeiten.
- Machen Sie es wie die Raucher. Nein, Sie müssen nicht zu rauchen beginnen! Rauchen ist in Innenräumen verboten, daher müssen sich Raucher immer Plätzchen draußen suchen, wo sie ein paar Minuten rumstehen können. Tun Sie das auch – nehmen Sie eben Ihren Kaffee- oder Teebecher mit.
- Gehen Sie spazieren! Eine kleine Kindergruppe stand beisammen und sah nach oben. Die Knirpse bestaunten die Höhe die Blätterkrone eines Baumes, an dem ich Tag für Tag achtlos vorbeiging. Tatsächlich, wirklich beeindruckend, dachte ich und blieb gleich einige Minuten stehen. Nehmen Sie Ihre Umgebung aufmerksam wahr. Sie werden sehen: Selbst in Ihrer unmittelbaren Wohnumgebung werden Sie überraschende Dinge erleben.

Mit sich sein

Dem Zitat von Blaise Pascal, das ganze Unglück des Menschen komme einzig aus der Ursache, dass er nicht ruhig in einem Zimmer bleiben könne, sind Sie in diesem Buch schon begegnet. Der Mensch strebt immer nach draußen, nach äußeren Impulsen, nach Ablenkung und Zerstreuung, weil er mit sich selbst nichts anzufangen weiß. Nur in diesen Ersatzhandlungen kann er seine Ohnmacht, seine Verlassenheit, seine Einsamkeit vergessen. Im 17. Jahrhundert war es die Jagd, an der sich Pascal auslässt, heute sind es unsere technischen Errungenschaften.

Tatsächlich ist Mit-sich-Sein eine Kunst. Die Konfrontation mit der eigenen Person, mit den eigenen Unzulänglichkeiten ist deshalb so beängstigend, weil es uns bewusst macht, dass wir zunächst einmal allein und auf uns selbst gestellt sind. Dass wir Eigenschaften haben, die wir lieber nicht an uns sehen würden, dass wir in Wahrheit schwach und unsicher sind. Dass wir klein, unbedeutend und ohnmächtig sind als einzelne Menschen, der eigenen Endlichkeit ausgeliefert vor dem Hintergrund einer für uns unvorstellbaren Ewigkeit.

Mit sich sein heißt, mit dieser Wahrheit konfrontiert sein. Daher meiden die meisten Menschen solche Situationen und damit die Begegnung mit sich selbst, mit den Grundfragen und -bedürfnissen des Lebens. Diese Begegnung ist aber die Basis für mehr Gelassenheit und innere Ruhe. Nicht wissen, nicht kontrollieren können, sich winzig fühlen kann die Quelle unvorstellbarer existenzieller Angst sein. Es kann aber auch die Grundlage für mehr Gelassenheit und Ruhe sein, wenn wir die Gedanken daran und die Gefühle, die damit verbunden sind, zulassen.

Mit sich sein, wie geht das überhaupt? Am Morgen aufstehen ohne To-do-Liste im Kopf, ohne den bangen Gedanken an das Meeting oder den zwanghaften Blick auf die neuesten Nachrichten. Einen Moment den beginnenden Tag zu genießen. Es aushalten, einmal nicht gleich etwas zu tun, nicht gleich etwas zu konsumieren, nicht gleich abgelenkt zu sein. Einfach dankbar zu sein für den Tag, der gerade beginnt.

Klingt nach Illusion, nicht machbar, nicht in die Praxis umsetzbar? Vielleicht gelingt es Ihnen doch, ein- oder zweimal in der Woche ein paar Minuten, eine Viertelstunde für dieses Mit-sich-Sein zu reservieren. Je öfter, desto geübter werden wir, und desto leichter fällt es uns, nicht gleich wieder etwas zu tun. Wir trainieren unser Bewusstsein zu mehr Fokus, weniger Nervosität, mehr Ruhe.

Das ruhige Bewusstsein kennt verschiedene Zustände, die von der Neuropsychologie intensiv erforscht werden. Allen gemeinsam ist, dass sie sich vom Chaos des Alltagsbewusstseins abwenden und dass äußere Impulse auf ein Minimum reduziert oder überhaupt nicht vorhanden sind. In einer Form der Meditation wird die Aufmerksamkeit auf ein Objekt oder eine Tätigkeit gelenkt. Zum Beispiel den eigenen Atem, den Sonnenaufgang oder den Morgenkaffee. Das heißt, die Breite unserer bewussten Wahrnehmung wird reduziert, alles andere wird ausgeblendet.

In einer zweiten Form geht es darum, alles beobachtend wahrzunehmen, was an inneren und äußeren Reizen auf uns einwirkt, ohne zu bewerten. Wir wenden uns nicht aktiv etwas zu, sondern alles „fließt" durch uns durch. Wir erreichen eine ungewöhnlich breite Wahrnehmung. Eine dritte Form ist das sogenannte Tagträumen. Bei vollem Bewusstsein ziehen wir uns auf unser inneres Auge zurück. Wir erleben Fantasievorstellungen, hängen weitgehend ungesteuerten Gedanken nach, unabhängig vom äußeren Geschehen.

Man kann diese Formen auch kombinieren. Das geht so: Setzen Sie sich hin, sorgen Sie dafür, dass sie ungestört sind. Dann warten Sie, welche Gedanken auftauchen. Das sind anfangs vielleicht Aktivitäten, die Sie jetzt tun könnten oder sollten oder etwas, das sie ablenken könnte. Vielleicht kommen Sie ins Tagträumen.

Im nächsten Schritt können Sie versuchen, das Tagträumen mit Ihrem Geist zu beobachten (nach dem Motto „Aha, was ich da denke, ist aber interessant"). Welche Gedanken treten auf, was nehmen Sie gerade wahr? Folgen Sie bewusst Ihrem Bewusstseinsstrom, ohne ihn zu steuern. Im dritten Schritt können Sie beginnen, einen beliebigen, beispielsweise immer wieder auftretenden Gedanken herauszugreifen und sich darauf zu konzentrieren (z. B. eine Vorstellung vom letzten Urlaub).

Diese Übungen sind eine echte Geduldsprobe. Aber je öfter wir sie machen, desto leichter werden sie und desto schwächer der Impuls, etwas anderes zu machen, sich abzulenken, den Ruhezustand gleich wieder zu verlassen, sich selbst zu entkommen. Es wird Ihnen leichter fallen, einem Gedanken zu folgen, etwas durchzudenken, ohne in den fatalen Kreislauf des Grübelns einzusteigen.

Meditation hat viele Gesichter. Eine wesentliche Unterscheidung liegt darin, wohin jeweils der Aufmerksamkeitsfokus gerichtet ist. Bei der gerichteten Meditation wird der Fokus eingeengt, die Aufmerksamkeit auf einen Gegenstand, eine Tätigkeit, einen Gedanken gerichtet. Eine der einfachsten und wirkungsvollsten Techniken ist die Atemmeditation. Der Fokus auf das Ein- und Ausatmen lässt Stress und Angst keine Chance. In ihrer Kurzvariante reichen fünf Minuten, sie ist denkbar einfach.

1. Sorgen Sie für einige störungsfreie, ruhige Minuten.
2. Sie können sich auf Ihrem Handy eine Erinnerung stellen, die Sie nach etwa fünf Minuten aus der Meditation zurückholt.
3. Wählen Sie einen bequemen Platz, am besten im Sitzen.
4. Atmen Sie ruhig ein und aus.
5. Konzentrieren Sie sich auf das Ein- und Ausatmen, fühlen Sie, wie die Luft in Ihre Lungen strömt und wie sie diese wieder verlässt.
6. Geben Sie Ihrer Unruhe einen Namen oder überlegen Sie sich ein Symbol, das beim Ausatmen Ihren Körper verlässt.
7. Wenn Ihre Gedanken abschweifen, lenken Sie Ihre Aufmerksamkeit wieder bewusst und sanft zurück zu Ihrer Atmung.

Bei der ungerichteten Meditation ist es gerade das Ziel, die Aufmerksamkeit zu erweitern. Die Achtsamkeitsmeditation zielt darauf ab, aufkommende Gedanken und Gefühle bewusster, aber bewertungsfrei wahrzunehmen. Dies soll es ermöglichen, gelassener und ruhiger mit Stresssituationen umzugehen. Die positive Wirkung auf Depression, Angst, Stress und Lebensqualität ist wissenschaftlich nachgewiesen.

Eine besonders gute und einfache Variante ist es, diese Achtsamkeitsmeditation mit dem Spazierengehen zu kombinieren. Eine Studie konnte zeigen, dass Spazierengehen Achtsamkeit erleichtert und diese wiederum positive Gefühle auslöst. Durch die Bewegung kann die stressvermindernde, beruhigende Wirkung verstärkt werden. Auch hier brauchen Sie keine mühevollen Schulungen, Sie können es sich selbst beibringen, indem Sie es einfach tun.

1. Achten Sie beim Spazierengehen auf Ihre Sinne:
   a. Was sehen Sie?
   b. Was hören Sie?
   c. Welche körperliche Reaktionen spüren Sie?
2. Achten Sie auf Ihre aufkommenden Gedanken und Gefühle:
   a. Wenn Sie sich beispielsweise dabei ertappen, dass Sie immer schneller gehen, weil die Gedanken schon beim nächsten Termin sind, verlangsamen Sie ganz bewusst Ihre Schritte.
   b. Nehmen Sie ängstliche Gefühle, negative Gedanken oder Stress als etwas wahr, was an Ihnen vorbeizieht.
   c. Keine Bewertungen! Registrieren Sie jeweils nur, was ist.

Diese Übungen sind deshalb so hilfreich, weil sie unseren Geist schulen und uns helfen, Aufmerksamkeit und Konzentration bewusst zu lenken. So wird klares Denken ein wenig leichter, wir können besser durchsehen durch den geistigen Nebel aus Informationsflut, Zweifeln, Ängsten, Stimmungsschwankungen.

Ein weiteres Konzept, das wir im Alltag sehr gut gebrauchen können, ist die Introvision, entwickelt von der Psychologin Angelika C. Wagner. Verlieren wir die Kontrolle über die Steuerung unseres Denken, laufen wir Gefahr, in Grübelspiralen abzudriften: sorgenvolle Gedanken, die von weiteren negativen Inhalten abgelöst werden und uns immer tiefer in einen Sumpf depressiver Verstimmungen sinken lassen. Mit der Introvision schauen wir in uns hinein. Indem wir „über das Denken nachdenken", identifizieren wir Gedankenmuster, die uns schaden, nichts zur Problemlösung beitragen und zu inneren Konflikten führen.

„Das darf auf keinen Fall schiefgehen", „Wenn das passiert, bin ich blamiert", „Wenn ich die Prüfung nicht schaffe, dann ..." sind Gedankengänge, die systematisch unsere Ängste verstärken und unsere innere Ruhe reduzieren. Introvision soll dazu beitragen, dass wir den negativen Ausgang einer Sache nur als eine Möglichkeit sehen, die passieren kann, nicht aber als katastrophale Gewissheit, die man verzweifelt abzuwenden sucht.

Wir haben vorhin schon gesehen, dass gerade Profisportler diese mentalen Tretminen besonders gut kennen und versuchen, diese mit immer ausgeklügelteren Tricks zu vermeiden. Eine Situation, in der die Fähigkeit zum Mit-sich-Sein möglicherweise entscheidend gewesen ist, ist in die Fußballgeschichte eingegangen.

Englands früherer Fußballnationalspieler Gareth Southgate wurde im Sommer 1996 zum Antihelden seines Heimatlandes. Das Halbfinale der Europameisterschaft gegen Deutschland hatte weder nach neunzig Minuten noch nach einer Verlängerung die ersehnte Entscheidung gebracht. Die logische Folge: Elfmeterschießen. Es steht 5:5, alle Schützen haben bisher getroffen – immer noch keine Entscheidung. Jetzt muss der unerfahrene Southgate ran. Ein Fehlschuss kann darüber entscheiden, wer ins Finale kommt. Southgate auf dem langen, einsamen Weg von der Mittelauflage zum Elfmeterpunkt. Southgate handelt wie viele von uns: Er versucht die unangenehme Situation zu vermeiden, sie so schnell wie möglich hinter sich zu bringen. Hastig legt er den Ball auf den Punkt, schnell ein paar Schritte zurück, dann ein Schuss. Der deutsche Torhüter Köpke fängt den Ball mühelos. Thomas Möller lässt sich die Chance nicht entgehen und schießt die deutsche Mannschaft ins Finale. Zweiundzwanzig Jahre später: Achtelfinale der Weltmeisterschaft,

England gegen Kolumbien, wieder Elfmeterschießen. Southgate ist wieder dabei, diesmal als Trainer. Was sofort auffällt: die Verhaltensweisen der englischen Spieler. Hier weiß jeder in jeder Situation, was zu tun ist, es gibt klare Abläufe. Die Schützen wirken ruhig, ihre Gesichter strahlen eine fokussierte Spannung aus, sie sind nicht überheblich, aber sie zeigen auch keine Angst. Selbst nach einem Fehlschuss lässt sich die Mannschaft nicht irritieren und verwandelt einen Rückstand noch in einen Sieg.

Das Erfolgsrezept: Trainer Southgate hat zwei Jahrzehnte analysiert, worauf es ankommt. Elfmeterschießen ist eben keine Lotterie, wie viele glauben. Es bedeutet, eine Aufgabe unter besonders hohem Druck auszuführen. Man muss die Einstellung entwickeln, dass einem „der Prozess gehört". Man hat Kontrolle, die man nützen muss. Fokus auf die Aufgabe, nicht auf das Ergebnis, keine Ablenkung, kein Katastrophendenken, kein Vermeidungsverhalten. Den Ball selbst mit beiden Händen auf den Punkt legen, den Torhüter fixieren, noch mal ruhig werden, bewusst atmen. Mit Blick zum Tor einige Schritte langsam zurückgehen. Ein kurzer Blick zum Schiedsrichter, das Warten auf den Pfiff. Entscheiden, wohin man schießt, Anlauf und Schuss.

So wie dem Fußballer beim Elfmeter geht es uns im Alltag auch immer wieder. In einer entscheidenden Situation sind wir auf uns allein gestellt, das Ergebnis hängt von unserem Handeln ab – niemand kann uns diese Last in dem Moment abnehmen. Vor einigen Jahren untersuchte ich in einer Studie Prüfungsangst bei Pflegestudierenden. Prüfungsangst hat zur Folge, dass man in einer Testsituation nicht seine beste Leistung abrufen kann. Man ist zu unruhig und hat Schwierigkeiten, sich auf die Aufgabe zu konzentrieren.

In der Psychologie spricht man von Interferenz. Aufgabenirrelevante Gedanken stehen uns im Weg: „Wenn ich diese Frage nicht weiß, falle ich durch", „Wenn er mich nur nicht XY fragt", „Was werden die Freunde/die Eltern sagen, wenn ich (wieder) schlecht abschneide?" Diese Interferenzen beschränken unsere Möglichkeit, die beste Leistung abzurufen, weil wir nie ganz bei der Sache sind. Wir kommen nie ganz in der Situation an, ständig spuken die störenden Gedanken herum. Und so bleiben wir unter unseren Möglichkeiten.

Es ist daher wesentlich, dass wir in der Lage sind, in unserem Inneren für Ruhe zu sorgen, die störenden Gedanken zu verscheuchen und zurückzufinden zu Konzentration und Aufmerksamkeit. Wir müssen uns zur Ruhe zwingen können, um einmal mehr „Sully" Sullenberger, den Piloten, der sein Flugzeug auf dem Hudson River wasserte, zu zitieren. Nur so ist es möglich, dass wir unsere Potenziale auch abrufen können.

Mit sich allein sein – für religiöse Menschen scheint das etwas einfacher zu sein. Sie sind ja quasi nie wirklich allein, weil Gott mit ihnen ist. Für viele Gläubige ist die Beziehung zu Gott so real, dass sie auch tatsächlich reale Wirkung entfaltet. Wie schon erwähnt muss ruhig sein nicht bedeuten, allein zu sein. Der Klosterbesuch hat Thomas E. wachsamer und sensibler für die nonverbale Kommunikation rund um ihn herum werden lassen. Genauso ist vorstellbar, dass das Mit-sich-Sein uns sensibler werden lässt für die Zustände anderer.

Für Religiöse ist das Gebet vergleichbar mit den weltlichen Spielarten von Meditation, Achtsamkeit und Introvision. Man ist mit sich allein, aber gleichzeitig in Verbindung mit einer höheren Macht. Man beschwört geradezu im Alleinsein, dass man nicht alleine ist.

So singt beispielsweise die christliche Popsängerin Kari Jobe „I am not alone". Sie bringt damit zum Ausdruck, dass sich auch im Alleinsein mit sich Gläubige nicht allein oder gar einsam fühlen. Das Gebet verschafft ihnen ein Bewusstsein, dass sie aufgehoben sind, dass sie ein Auffangnetz haben. Ähnlich wie bei der Introvision wird der negative Ausgang von der katastrophalen Gewissheit nur noch zu einer Möglichkeit – und selbst da bleibt man beschützt. Das Katastrophendenken verschwindet. Auch wenn sich die Ereignisse schlecht entwickeln, ist ein Auffangnetz da. Das bringt mehr Gelassenheit und Ruhe. So ist auch zu erklären, dass religiöse Menschen in Situationen von Krankheit und Tod tendenziell mental stabiler sind.

Bei sich sein, Ruhe bewahren. Dresden, 1813: Es war eines der denkwürdigsten Gespräche in der Geschichte. Napoleon Bonaparte, der große Feldherr, war das erste Mal auf dem Rückzug, dennoch strotzte er vor Selbstvertrauen, denn er hatte halb Europa im Griff. In einem neunstündigen Gespräch wollte er Fürst Metternich, den österreichischen Außenminister, davon abhalten, die Seiten zu wechseln und ein Bündnis mit seinen Gegnern einzugehen.

Metternich war im besetzten Wien Napoleons Gefangener gewesen und Jahre davor als Botschafter in Paris widerrechtlich festgehalten worden. Er hatte allen Grund, auf den Franzosen wütend zu sein. Doch er blieb vollkommen ruhig. Napoleon provozierte ihn, wollte ihn aus der Reserve locken. Er beschuldigte den Österreicher, käuflich zu sein, doch Metternich sprang nicht etwa wutentbrannt auf. Er beleidigte Napoleon nicht. Er schrie nicht zurück, sondern blieb ruhig.

Metternich brachte die Willenskraft auf, die Fassung zu bewahren. Ein Zerwürfnis dieser Größenordnung hätte Österreich in eine schwierige Lage gebracht, denn die Armee war nicht bereit für einen Krieg. Mit der Verlängerung des Waffenstillstands gewann Metternich die Zeit, die er brauchte. Kaum zwei Monate später erklärte Österreich Frankreich den Krieg. Das war der Anfang vom Ende Napoleons.

Metternich wusste, dass seine Fähigkeit, die innere Ruhe zu bewahren, diesen Erfolg möglich gemacht hatte. Er schrieb sehr viel, war vor wichtigen Entscheidungen gerne mit sich allein. Notiz- und Tagebücher ermöglichen auch heute noch Reflexion und Selbsterkenntnis, wichtige Grundlagen innerer Ruhe und mentaler Stärke. Bei Metternich spielten jedenfalls auch Glaube und Gebet eine wichtige Rolle. Noch von Dresden aus schrieb er an seine Frau: „Man kann die Szenen kaum glauben, die ich erlebt habe, doch der allmächtige Gott, der mir unerschütterliche Ruhe gegeben hat, hat mir den Sieg beschert."

Es auszuhalten, mit sich zu sein, das ist eine Herausforderung, aber auch eine wichtige Grundlage für mehr innere Ruhe in unserem Leben. Bewusst dafür sorgen, dass weniger Reize auf uns einwirken, dass wir die „vielen Stimmen in unserem Kopf" reduzieren. Dass wir wieder klar denken können. Es hilft, die Kontrolle über unsere Aufmerksamkeit und unsere Emotionen zurückzugewinnen.

Zu viel Angst lähmt uns und beeinflusst unsere Handlungen negativ. Zu viel Wut zerstört unsere Beziehungen und lässt uns verbittert zurück. Daher: Holen wir uns die innere Ruhe zurück! Dazu gehört neben der Zeit mit und für uns selbst auch noch die Pflege einer anderen Tugend, der Vergebung.

WAS SIE JETZT TUN KÖNNEN

- Mit sich sein – Entspannung: Atmung ist alles. Nutzen Sie die Tipps dieses Abschnitts für regelmäßige Atemmeditationen. Ihre Wirkung hält über die Meditation hinaus an.
- Mit sich sein – Konzentration: Sie haben Angst in Leistungssituationen? Schwierigkeiten, ruhig zu bleiben und sich zu konzentrieren? Sorgen Sie wie Spitzensportler für ritualisierte Abläufe, studieren Sie Vorträge, Prüfungssituationen, Gespräche vorher ein. Wählen Sie sich eine vertraute Person, die bestimmte Szenen mit Ihnen durchspielt. Holen Sie Ihre Gedanken wieder sanft in die Situation zurück, wenn Sie merken, dass Sie abschweifen.
- Mit sich sein – Eskalation vermeiden: Eine Führungskraft beschimpft die Anwesenden bei einer Besprechung. Niemand traut sich, etwas zu sagen. „Was soll ich denn machen? Zurückschreien?", sagt eine Kollegin. Nein, machen Sie es mit der Metternich-Methode. Schweigen signalisiert: Das Verhalten ist in Ordnung. Schreien wäre eine unkalkulierbare Eskalation. Man kann ruhig bleiben und auch einen Chef bitten, die Kritikpunkte konkret darzustellen.

Vergeben

Vergebung ist keine einmalige Sache.
Vergebung ist ein Lebensstil.

Martin Luther King, US-amerikanischer Bürgerrechtler

Mit-sich-Sein will gelernt sein. Sonst verbringen wir zu viel Zeit damit, darüber nachzudenken, was andere Menschen gemacht haben, warum sie es gemacht haben und was sie hätten tun sollen oder nicht hätten tun sollen. Die Kontrolle von Ärger und Wut ist eine wichtige Zutat für mehr innere Ruhe und mentale Stärke, wie wir vorhin gesehen haben. Vergebung ist eine Tugend, die uns dabei unterstützt. Nachsicht mit sich selbst und anderen tut not – vor allem in einem Zeitalter, in der die Empörung zum Lebensgefühl dazu gehört.

Der Psychologe Everett Worthington ist ein Vergebungsexperte, der wirklich weiß, wovon er spricht. Jahrelang forschte er zu dem Thema, bis eines Tages seine eigene Fähigkeit zur Vergebung herausgefordert wurde – auf eine Art und Weise, wie man es seinem schlimmsten Feind nicht wünscht.

Am Neujahrstag 1996 wurde seine Mutter in ihrem Haus tot aufgefunden. Die ältere Dame war in der Nacht zuvor von einem Einbrecher geweckt, angegriffen und mit einer Brechstange zu Tode geprügelt worden. Anschließend vergewaltigte der Täter die Leiche mit einer Weinflasche. Worthington berichtet, wie er durch das verwüstete Haus seiner Kindheit ging, einen Baseballschläger sah und dachte: „Ich wünschte, der Kerl, der das getan hat, wäre hier. Ich würde ihm das Gehirn aus dem Kopf prügeln."

Der Täter wurde nie gefasst. Worthingtons Bruder verübte ein Jahrzehnt nach der Tat Selbstmord. Doch bei aller Wut, allem Hass und dem Wunsch nach Vergeltung erinnerte sich Worthington an seine eigene Forschungsarbeit zur Vergebung. Er beschloss schon unmittelbar nach der Tat, dem Täter zu vergeben. Dafür nutzte er seine eigene REACH-Methode.

Recall, sich an das Geschehene aktiv erinnern, ist der erste Schritt. Das Ereignis soll in die eigene Erlebniswelt integriert und nicht verdrängt werden. Es ist wichtig, dass es Teil der eigenen Geschichte bleibt. Danach kommt empathy, Empathie: Man fühlt sich in den Menschen ein, der einem etwas angetan hat. Selbst wenn das nicht gelingt, versucht man, seine Perspektive einzunehmen. Auch diese Person wurde schon oft verletzt, und sich das zu vergegenwärtigen hilft, sich hineinzufühlen in den anderen.

Altruism, Altruismus, bedeutet schließlich, sich Situationen zu vergegenwärtigen, in denen man selbst Unrecht zugefügt hat. „C" steht für commit und bedeutet, sich zur Vergebung zu verpflichten. Worthington schrieb dem Täter einen Brief, in dem er ihm vergibt. Der Brief wurde niemals abgeschickt und dient lediglich der eigenen Psychohygiene.

Der letzte Schritt ist hold, an der Vergebung festhalten, auch wenn Gefühle der Wut zurückkommen. So merkwürdig es klingt: Vergebung kann die Beziehung zum Täter, die durch die Rachegedanken immer wieder am Leben gehalten wird, kappen. Indem der Vergebungsprozess abgeschlossen ist, können die Gedanken beim Opfer bleiben.

Glücklicherweise müssen die wenigsten von uns die Ermordung eines geliebten Menschen ertragen. Doch unser gewöhnlicher Alltag ist voll genug mit Kränkungen, Zurückweisungen, tatsächlichen oder eingebildeten Ungerechtigkeiten. Vergebung ist da eine nützliche Fähigkeit, um die mentale Last des Nichtverzeihen-Könnens, des Grolls und der Wut abzuwerfen. In einer Welt, in der Durchsetzungsfähigkeit und Härte als wünschenswerte Eigenschaften gelten, bedeutet Vergebung Weichheit, ja Abstandnehmen von einem Anspruch. Doch bei diesem Abstandnehmen geht es nicht darum, dass man Unrecht gutheißt oder akzeptiert. Es bedeutet nicht, dass man einfach vergisst, was passiert ist. Vergebung heißt, sich wieder unabhängig zu machen von der Person, die einem Unrecht zugefügt hat. Man gibt sich selbst die Möglichkeit weiterzumachen, sich von der Kränkung zu befreien. Everett Worthingtons größte Herausforderung nach dem furchtbaren Verbrechen war schließlich, sich selbst zu vergeben, dass er nicht in der Lage war, seinem Bruder zu helfen und dessen Selbstmord zu verhindern.

Selbstvergebung für eigene Fehler und Unzulänglichkeiten ist auch im normalen Alltag von besonderer Bedeutung. Die Fähigkeit zu vergeben gibt uns innere Ruhe, die uns mental stärkt. Studien legen nahe, dass Menschen, die vergeben, weniger körperliche Symptome erleben und besser schlafen. Vergebung reduziert negative Emotionen und Stress. Sie macht uns ruhiger. Wenn etwa der Gekränkte bei einem Partnerschaftskonflikt vergleichsweise milde reagiert, hat der Konflikt eine gute Chance, beigelegt zu werden. Die friedvolle Reaktion des Angegriffenen führt bei beiden „Konfliktparteien" zu niedrigerem Blutdruck, als wenn die Wut beim „Opfer" hochkocht. Beide sind sogar körperlich ruhiger.

Anhaltende Wut kann uns von dem geliebten Menschen trennen, Vergebung gibt uns eine Chance, die Verbindung wiederherzustellen. Vergebung hilft uns, den Menschen den Vorzug zu geben vor Konflikten, Verletzungen, Dingen.

Vergebung ist Heilung. Sie bedeutet, großzügiger zu sein mit sich selbst und der Welt. Und diese Welt hat Großzügigkeit noch nie so nötig gehabt wie jetzt. Doch es ist noch mehr als das. Vergebung ist eine Methode der Psychohygiene. Sie macht uns ruhiger, ausgeglichener, mental stärker.

WAS SIE JETZT TUN KÖNNEN

In welchen Situationen sollten Sie weniger streng, ja großzügiger mit sich selbst sein? Was wären die negativen und positiven Konsequenzen daraus? Würde es sich lohnen?

Biedermeiern

Königreiche und Staaten regieren ja nur die wenigsten,
Haus und Herd aber haben wir doch alle.

Plutarch, griechischer Schriftsteller, 1./2. Jh. n. Chr.

Gottlieb Biedermeier ist ein gemütlicher Dorflehrer. Sein Leben besteht aus einer „kleinen Stube" und einem „engen Garten", er geht in seinem Privatleben auf. Politik und das Leben jenseits der Dorfgrenzen interessieren ihn nicht. Ein Spießer und Kleingeist, würde man heute sagen. Herr Biedermeier ist eine literarische Figur (wenn auch mit realem Vorbild), die stellvertretend für eine ganze, gleichnamige Epoche im 19. Jahrhundert steht – mit katastrophalem Ruf. Biedermeier, das heißt: Politisches Engagement ist unerwünscht und gefährlich, es herrscht staatliche Kontrolle und Zensur, man zieht sich lieber ins beschauliche Privatleben zurück. Biedermeier – das ist auch heute noch ein Schimpfwort für einen borstierten und kleinkarierten Menschen.

Zu Unrecht: Wir verdanken der Biedermeierzeit etwas, worauf wir heute wieder etwas mehr achten sollten: die Privatsphäre. Bis ins 19. Jahrhundert hinein war Privatheit etwas für eine elitäre Minderheit. Nach einer langen Phase des Krieges war die Sehnsucht nach Ruhe und Frieden besonders groß. Und wo konnte man das besser finden als im privaten Rückzugsraum, bei Familie und Freunden? Ein wachsendes Bürgertum durfte zwar politisch nicht Einfluss nehmen, häufte aber zusehends Wohlstand an. Die Menschen interessierten sich für Kunst und Kultur, dachten über grundsätzliche Lebensthemen nach. Persönliche Beziehungen rückten in den Vordergrund. Die Ehe –

bis dahin eher eine Versorgungsinstitution – wurde mehr und mehr zu jener intimen Beziehung zwischen Mann und Frau, wie wir sie heute kennen.

Gefühlsmäßige Beziehungen innerhalb der Familie wurden plötzlich bedeutsam. Die Erziehung der Kinder wurde zum Thema. Die Entfaltung und Entwicklung der Persönlichkeit rückte in den Mittelpunkt. Kurze Zeit davor war davon noch keine Rede gewesen. Kinder hatten von klein aufgearbeitet, waren wie kleine Erwachsene behandelt worden. Eine Entwicklung mit Folgen: je besser, gewaltfreier die Kindererziehung, desto friedlicher eine Gesellschaft, so eine These. Tatsächlich war man von gewaltfreier Pädagogik noch weit weg, aber wichtige erste Schritte zu einer kindgerechteren Erziehung wurden getan.

Die biedermeierlichen Bürger kultivierten die Privatsphäre. Sie entwickeln dabei Kompetenzen, die ihnen halfen, sich vom Adel zu emanzipieren, ja die alten Eliten zu überholen. Kunst, Bildung, Kindererziehung waren ihr wichtigstes kulturelles Kapital. Doch darüber hinaus barg die Entwicklung der Kleinfamilie, die größere emotionale Nähe zwischen den Familienmitgliedern, ein wichtiges soziales Kapital. Privatheit war die Grundlage dafür. Sie ermöglichte die Schaffung eines Bereichs, auf den Staat und Öffentlichkeit keinen Zugriff hat. Eine Rückzugsmöglichkeit, über die die Bürger selbst die Kontrolle haben. Wo die Möglichkeit besteht, den Input zu steuern, wo „selbstbestimmtes Handeln" möglich wird. Und nicht zuletzt: wo man in Ruhe gelassen wird, wo der Rest der Welt ausgeschlossen wird, wo wir niemanden Rechenschaft ablegen müssen.

Als der mythische Gesetzgeber von Sparta, Lykurg, von einem Bürger aufgefordert wurde, aus dem griechischen Stadtstaat eine Demokratie zu machen, antwortete dieser: „Schaffe du erst einmal Demokratie in deinem Haus." In der Antike herrschte in der Elite die Vorstellung, dass jemand zuerst im eigenen, persönlichen Einflussbereich für Ordnung sorgen müsse. Erst dann ist mehr Verantwortung und öffentliches Engagement sinnvoll. Wie soll jemand, dessen Privatleben ein Chaos ist, einen Staat führen?

Den Menschen des Biedermeier wird gerne die Flucht vor der Welt ins Privatleben vorgeworfen. Doch zu oft erleben wir heute das Umgekehrte. Menschen mit ungelösten persönlichen Konflikten flüchten vom Privatleben nach draußen. Sie lenken Unternehmen, sogar Staaten und führen Stellvertreterkonflikte auf dieser Ebene. Das hat einen hohen Preis, für uns als Bürger, Angestellte, Kunden.

Ein bisschen mehr Biedermeiern kann also nicht schaden. Das Privatleben ist heute ein Menschenrecht und wichtige Grundlage der Demokratie. Nicht umsonst haben totalitäre Systeme immer versucht, in die Privatsphäre einzudringen, sie zu kontrollieren, sie so weitreichend wie möglich zu reduzieren. Privatheit schafft eine gesunde Distanz zwischen uns und den Mächtigen.

Diese Distanz ist heute bedroht durch große, private Unternehmen, aber auch staatliche Organisationen. Die Ökonomin Sushana Zuboff prägte dafür den Begriff Überwachungskapitalismus. Suchmaschinen, Apps, scheinbar kostenlose Social-Media-Angebote, aber auch zunehmend Zustelldienste, Versicherungen, Behörden, Ministerien sammeln unsere Daten, um sie weiterzuverkaufen oder zu „unserem Wohle" zu nutzen, zu vernetzen. Hier wird nicht nur unser Verhalten analysiert. Es wird aktiv Einfluss genommen, unsere Aufmerksamkeit gesteuert, unser Verhalten manipuliert.

Das sogenannte nudging, wörtlich „Anstupsen", ist gerade in der Prävention von Krankheiten, deren Entstehung stark von den eigenen Verhaltensweisen beeinflusst wird, in Mode gekommen: Durch subtile Anreize wird jemand dazu gebracht, das „Wünschenswerte" zu tun. Was das ist, entscheiden aber andere für uns. Wird das Schnitzel in der Kantine hinter dem Gemüse versteckt, soll die Wahl auf die gesunden Speisen fallen. Selbst der Wasserverbrauch wird uns entsprechend rückgemeldet. Beim Duschen macht uns die schmelzende Eisscholle auf einem Display ein schlechtes Gewissen, denn der darauf befindliche Eisbär droht bei zu hohem Wasserbedarf ins virtuelle Meer zu stürzen.

Wir genießen die Vorteile, die Raumtemperatur, den Staubsauger, die Rollläden, den Herd und die Waschmaschine per App zu steuern. Solange der Nutzen im Vordergrund steht, bemerken wir unsere zunehmende Ohnmacht nicht. Indem wir immer mehr Privatsphäre gegen kleine Annehmlichkeiten verschenken, verlieren wir zunehmend unsere Autonomie. Irgendwann ist es dann zu spät, Nein zu sagen.

In Franz Kafkas berühmtestem Roman „Der Prozess" wird die Hauptfigur der Handlung, Josef K., aus unklaren Gründen verhaftet. Er bleibt aber gleichzeitig auf freiem Fuß, und als Leser verfolgt man fortan seine hilflosen Versuche, Klarheit und

Kontrolle in sein Leben zurückzubringen. Doch er verstrickt sich nur immer weiter in eine scheinbar allmächtige Bürokratie, deren Mechanismen nebulös bleiben. Je mehr er versucht, dort einzudringen, desto fremdgesteuerter wirkt Josef K. Schließlich verschwimmt die Grenze zwischen eigener Fantasie und äußeren Handlungen. Aus dem völlig verwickelten Netz aus Unklarheit, Lügen und Ohnmacht gibt es schließlich kein Entkommen mehr. Josef K. wird ohne erkennbaren Schuldspruch einfach erstochen.

Damit wir nicht auch einmal untergehen in der Ohnmacht gegenüber Institutionen und Unternehmen, die unter dem Vorwand, zu unserem Nutzen zu handeln, tief in unseren persönlichen Lebensbereich eindringen, müssen wir wie Herr und Frau Biedermeier mehr Wert auf unser Privatleben legen. Wir haben ein Recht darauf, unsere Aufmerksamkeit und unser Verhalten selbst zu steuern, das Recht auf einen Bereich, über den wir autonom verfügen können. Wir haben das Recht, auch einmal in Ruhe gelassen zu werden und unsere innere Ruhe wiederzufinden.

WAS SIE JETZT TUN KÖNNEN

Definieren Sie für sich: Was ist für mich privat, was ist öffentlich? Mit welchen Menschen teile ich was?

Schlafen

Abwärts wend ich mich zu der heiligen, unaussprechlichen,
geheimnisvollen Nacht.

Novalis, Dichter und Philosoph, 18. Jh.

Loslassen, das ist eine wahre Kunst. Viele von uns kämpfen damit, private und berufliche Probleme überallhin mitzunehmen. Menschen, die in ihrer Freizeit über Probleme in der Arbeit nachgrübeln, klagen insgesamt über niedrige Lebenszufriedenheit und schlechteren Gesundheitszustand. Abschalten und Loslassenkönnen ist eine wichtige Fähigkeit, die uns ruhig schlafen lässt.

Leider hat der Schlaf hat ein eher schlechtes Image. In einer Gesellschaft, die Hyperaktivität zur Norm mach, gilt schlafen als etwas für Langweiler und griesgrämige Spaßbremsen. Warum sollte man früh ins Bett gehen oder auf Schlafhygiene achten, wenn man Müdigkeit auch mit Energydrinks und Medikamenten „behandeln" kann? Experten geben uns gute Ratschläge, wie wir den Schlaf effizienter und vor allem kürzer gestalten können. Wer will schon sein ganzes Leben verschlafen und die wichtigsten Dinge versäumen?

Vor über zweihundert Jahren verfasste der Dichter Novalis seine eingangs zitierten „Hymnen an die Nacht" und offenbart Weisheiten, als hätte er neuropsychologische Erkenntnisse über den Schlaf lange vorausgeahnt. „Nur die Thoren verkennen dich", schreibt er an den „heiligen Schlaf" gerichtet. Die Nacht erlöst uns von „des Lichtes Fessel". Leider ist uns die Sprache der

Romantiker abhandengekommen, wir verstehen das geheimnisvolle Vokabular der Dunkelheit und des Schlafs nicht mehr.

Einer der Gründe dafür könnte unser verändertes Schlafmuster sein. Das späte Zubettgehen und anschließende Durchschlafen ist eine Erfindung des 19. Jahrhunderts. Davor war ein zweiphasiger Schlaf üblich: Man ging früh zu Bett und wachte gegen Mitternacht auf, blieb etwa eine Stunde wach. Eine Zeit zur Reflexion, zum Beten, man hatte eine ruhige und intime Zeit für sich. Anschließend schlief man weiter. Die Menschen wussten intuitiv um die Bedeutung der Nachtstunden und ihre eigenartige Ruhe und hatten ein besseres Gefühl für die Wahrheiten der Träume.

Zeit also, dass Image des Schlafs wieder zu heben, denn: Während wir schlummern, arbeitet unser Gehirn weiter. Lernprozesse vervollständigen sich, Erlebnisse werden verarbeitet und in unseren Erfahrungsschatz integriert. Wir brauchen den Schlaf, um als Persönlichkeit zu reifen und uns weiterzuentwickeln. Nicht selten sehen wir am nächsten Morgen etwas mit der größten Klarheit, was am Abend davor noch völlig verworren war und uns nicht einschlafen ließ. Schlaf ist die Grundlage für unsere Leistungsfähigkeit. Bei Schlafmangel werden wir ungenau, machen Fehler und merken es häufig nicht einmal. Selbst ein leichtes Schlafdefizit kann unsere Leistung wie eine Alkoholisierung beeinträchtigen.

Das Grübeln vor dem Einschlafen, die Unfähigkeit, zur Ruhe zu kommen, beeinträchtigt unsere Schlafqualität wie nichts anderes. Ängstliche Gedanken über den nächsten Tag lassen uns nicht still werden. Tatsächlich ist gerade die Einschlaflatenz, also die Zeitdauer bis zum Einschlafen, ein wichtiger Gradmesser, ob unser Schlaf erholsam ist oder ob wir am Morgen wie gerädert aus dem Bett steigen. Langfristige Folgen schlechten Schlafs sind psychische Probleme und körperliche Symptome.

Um die Einschlaflatenz zu verkürzen und einen Beitrag für eine bessere Schlafqualität zu leisten, spielt die Schlafhygiene eine besondere Rolle. Rituale, die beruhigend wirken und dem Körper signalisieren, dass die Zeit der Aktivität nun zu Ende geht, helfen schneller einzuschlafen.

Die Werke des Philosophen Immanuel Kant gelten als bahnbrechend und genial. Gleichzeitig gibt es kaum etwas, was so schwierig zu lesen ist wie seine Texte. Es muss ein äußerstes Maß an Konzentration erforderlich gewesen sein, um diese Bücher zu schreiben. Neben seinen legendären Spaziergängen half Kant da auch ein fast zwanghaft ritualisierter Tagesablauf. Wichtigster Bestandteil die Schlafhygiene.

Kant stand jeden Tag um die gleiche Zeit auf und gab seinem Diener die Anweisung, nicht locker zu lassen, auch wenn Kant unbedingt liegen bleiben wollte. Der Tag hatte immer den gleichen Ablauf: vormittags Vorlesung, Mittagessen, nachmittags Spaziergang, um zehn Uhr Bettruhe. Als Kant einmal von einem Ausflug erst kurz vor zehn heimgebracht wurde, leitete er daraus gleich eine Regel ab: „Lasse dich nie von jemandem auf eine Spazierfahrt mitnehmen."

Beim Zubettgehen wandte er immer das gleiche Vorgehen an. Kant setzte sich aufs Bett, schwang sich hinein und überließ auch beim Zudecken nichts dem Zufall. Durch eine langjährig einstudierte Technik lag er wie ein Kokon eingesponnen im Bett. Das war nicht nur Spinnerei, Kant glaubte an einen vernünftigen, gesundheitsförderlichen Lebensstil. Beim Einschlafen solle man die Aufmerksamkeit weglenken von einem „sich regenden Gedanken".

Aufmerksamkeitssteuerung, um ein leichteres Einschlafen zu ermöglichen und nicht ins Grübeln zu kommen, ist ein moderner Schlafhygiene-Tipp. Kants Obsession mit gutem Schlaf hatte gute Gründe, die er aus eigenen Beobachtungen ableitete. Er erahnte vieles, was uns jetzt über zweihundert Jahre später als wissenschaftliches Wissen zur Verfügung steht.

Guter Schlaf unterstützt unser Immunsystem, unsere kognitive Leistungsfähigkeit und unsere physische und psychische Gesundheit. Umgekehrt haben Menschen mit dauerhaft schlechter Schlafqualität mehr körperliche Symptome und tendieren eher zu depressiven Verstimmungen. Schon Kant hat gezeigt, dass man für guten Schlaf etwas tun kann und nicht gleich in den Medikamentenschrank greifen muss.

Den Tag loslassen, ihn gehen lassen – dabei hilft die richtige Schlafhygiene. Regelmäßige Schlafzeiten, Rituale zum Ruhigerwerden, kein schweres Essen und kein Sport unmittelbar vor dem Schlafengehen gehören dazu. Aber auch hier gilt wieder, dass man seine ruhige Umgebung selbst gestalten kann und soll: für eine ruhige Schlafumgebung sorgen, Lärm und Licht draußen lassen, elektronische Geräte im Schlafzimmer vermeiden. „Den Schlaf des Gerechten schlafen" ist eine Redensart, die es auf dem Punkt bringt. Wer innerlich ruhig ist, weil er ein ruhiges Gewissen hat, schläft leichter ein und durch. Umgekehrt gibt uns erholsamer Schlaf die nötige Energie und Ruhe für den Tag. Wer schlecht schläft, wird nervös, unruhig, fahrig. Erholsamer Schlaf dagegen ist die Grundlage für Konzentration und Leistungsfähigkeit.

Damit wir untertags die nötige Gelassenheit haben, müssen wir in der Nacht zur Ruhe kommen. Auch wenn wir keine großen Philosophen sind, können wir einiges aus den eigenwilligen Schlafgewohnheiten von Immanuel Kant mitnehmen. Schlafhygiene ist eine wichtige Grundlage für eine gute Schlafqualität.

WAS SIE JETZT TUN KÖNNEN

Es muss nicht so kompliziert sein wie bei Immanuel Kant. Die folgenden Tipps sind wissenschaftlich fundiert und haben sich in vielen Studien als wirksam erwiesen. Dennoch gilt es, auch nach den eigenen Vorlieben zu gehen und zu spüren, was Sie zur Ruhe kommen lässt. Nicht alles, was bei anderen funktioniert, muss auch bei Ihnen funktionieren – und umgekehrt.

1. Achten Sie auf feste Schlafenszeiten. Dabei spielt eine regelmäßige Aufstehzeit die größte Rolle. Bleiben Sie nicht im Bett liegen, wenn Sie wach sind.
2. Vermeiden Sie Alkohol, Koffein und Nikotin vor dem Schlafengehen. Die Dosis macht jeweils das Gift: Geringe Mengen stören den Schlaf weniger, größere mehr.

▶

3. Machen Sie Sport! Regelmäßige körperliche Aktivität hat positive Wirkungen auf die Schlafqualität. Unmittelbar vor dem Schlafengehen sollte man ihn eher vermeiden, um leichter zur Ruhe zu kommen.

4. Reduzieren Sie Lärm und Licht im Schlafzimmer so weit wie möglich. Lärm schädigt die Schlafarchitektur. Aber auch künstliches Licht von Lampen, Smartphones und so weiter sollten Sie vermeiden. Sie hemmen jeweils die Produktion des Schlafhormons Melatonin – mit negativen Wirkungen auf die Schlafqualität.

5. Stress hindert uns am Einschlafen. Meditieren Sie daher vor dem Schlafen. Entspannungsrituale sind hilfreich, um den Alltagsstress zu vergessen und hinter sich zu lassen. Dazu eignen sich beispielsweise auch Tagebücher, in denen Sie die Sorgen aufschreiben und dann demonstrativ weglegen. Generell: Legen Sie sich eine Abendroutine zurecht, die Sie zur Ruhe kommen lässt. Ihr Schlafzimmer sollte ein Ort der Geborgenheit sein. Wenn Sie tagsüber Powernaps lieben, können Sie beruhigt sein: Sie haben entgegen vieler Schlafhygiene-Tipps keine Auswirkungen auf die Schlafqualität während der Nacht.

Schreiben

Schreiben muss einem liegen, keine Frage. Aber wenn Sie dieses Buch lesen, ist die Wahrscheinlichkeit dafür relativ hoch! Ich möchte in diesem Abschnitt einige leicht umsetzbare Hinweise geben, wie Sie das Schreiben für mehr Gelassenheit im Alltag nutzen können. Eine Variante ist das Tagebuchschreiben, vom dem viele berühmte Persönlichkeiten Gebrauch gemacht haben und machen.

Schreiben kann helfen, negative Dinge und Ereignisse des Tages Revue passieren zu lassen und dann das Tage- oder Notizbuch zuzuklappen und wegzulegen. Gerade vor dem Zubettgehen kann es Sinn machen, Aufgaben oder Themen, die einen noch nicht zur Ruhe kommen lassen, zu notieren. Man kann sie damit quasi outsourcen, das ist für das Gehirn das Signal, dass es sich damit nicht mehr beschäftigen muss.

Oft geht es auch einfach darum, die eigene Situation wieder in einen größeren Zusammenhang zu stellen. Dafür helfen Dankbarkeitsaufgaben. Das heißt: Sie schreiben am Ende Ihres Tages jene Dinge auf, für die Sie an diesem Tag dankbar sind. Vorsicht! Gewöhnen Sie sich nicht daran, immer dasselbe zu schreiben, sondern legen Sie die Aufgabe ganz konkret für den betreffenden Tag aus. Also weniger „Ich bin dankbar, dass es diesen oder jenen Menschen in meinem Leben gibt", sondern „Ich bin dankbar, dass XY heute in der Situation dies oder jenes gesagt oder getan hat."

Eine ganz andere Variante des Tagebuchschreibens – und eine viel grundsätzlichere – ist das so genannte Tugendtagebuch. Wissenschaftliche Arbeiten konnten zeigen, dass die regelmäßige Beschäftigung mit den eigenen Wertvorstellungen und Tugenden unser Wohlbefinden steigert. Wir fühlen uns weniger gestresst und sind ruhiger. Zeit für reflexives Nachdenken ist wichtig, um unsere Beziehung zur Welt zu definieren, es ist identitätsbildend. Genau dabei hilft das Tugendtagebuch.

In meinem Buch „Selbstoptimierung ist auch keine Lösung" habe ich Marcus Tullius Cicero erwähnt. Er war ein wichtiger Politiker und Philosoph in der römischen Republik kurz vor Christi Geburt und schrieb unter anderem ein Buch mit dem Titel „De officiis", was etwa so viel heißt wie „Vom pflichtgemäßen Handeln". Er definiert darin die wichtigsten menschlichen Tugenden, denen wir folgen sollen, um gute oder „ehrenhafte" Menschen zu sein bzw. zu werden:

- Weisheit – dafür braucht es ausreichend Zeit zur Reflexion. Sie sollte aber nicht nur theoretisch sein, sich also im Umgang mit anderen Menschen als nützlich erweisen.
- Gerechtigkeit – die oberste Prämisse hier ist, niemand anderem zu schaden. Das heißt, die eigenen Handlungen werden unter diesem Gesichtspunkt reflektiert. Ein wichtiger Zug der Gerechtigkeit ist die Milde. Gerade in einer Zeit, in der kleine Schwächen unbarmherzig ausgeschlachtet werden, ist sie von großer Bedeutung – sie ist nicht weit weg von der Vergebung, die wir schon ausführlich erörtert haben. Großzügigkeit gegenüber Gegnern und Schwächeren bedeutet auch, einen eigenen Vorteil einmal nicht auszuspielen.

- Tapferkeit – Cicero spricht hier auch von Seelengröße, was so viel bedeutet wie „für die Gerechtigkeit einstehen". Es geht nicht um blindwütige Tapferkeit im Kampf, sondern in erster Linie um Fairness und darum, zu seinen Fehlern zu stehen. Heute würde man wohl den Begriff Verantwortung wählen.
- Mäßigung – sie zielt auf die innere Harmonie im Menschen ab. Es heißt nicht, auf möglichst viel zu verzichten, auch in der Mäßigung sollte man sich mäßigen. Es geht darum, einen Ausgleich zu finden zwischen kurzfristigen Wünschen und langfristige Zielen, den eigenen Bedürfnissen und jenen der Mitmenschen. Jemand, der es in dieser Tugend weit bringt, weiß intuitiv, wann es genug ist – im Positiven wie Negativen. Diese Intuition kann man üben und entwickeln.

Das Tugendtagebuch lässt sich anhand dieser vier Werte strukturieren. In welchen dieser Tugenden möchten Sie es weit bringen? Zunächst geht es darum, einige wenige, aber konkrete Ziele zu formulieren. Wenn Sie z. B. mit der Weisheit beginnen, könnte ein Ziel sein, eine bestimmte Aus- oder Fortbildung zu absolvieren. Warum möchten Sie diese Ausbildung machen? Was könnten Sie mit den Inhalten dieser Ausbildung anfangen? Hätte das auch Nutzen für andere? Wie könnten Sie diesen Nutzen konkretisieren?

Die Tugend Gerechtigkeit könnte beinhalten, einen Konflikt zu lösen, von einem Anspruch zurückzutreten, eine nahestehende Person bei einer bestimmten Angelegenheit zu unterstützen. Ein längerfristiges Ziel wäre beispielsweise, die Qualität Ihrer Partnerschaft zu verbessern. Hier können Handlungen, die sich dieser Tugend zuordnen lassen, sehr hilfreich sein.

Zunächst hilft das, die eigenen Handlungen bewusster zu steuern, sich klarer zu werden über die eigenen Prioritäten und selbstbewusster (und ruhiger) Handlungen zu setzen, weil sie das Ergebnis einer bewussten Reflexion sind und nicht aus dem Bauch heraus in einer bestimmten Situation heraus geschehen. Man kann diesen Prozess alle paar Wochen wieder aktualisieren oder gliedert im Sinne eines echten Tagebuchs die Zeit in unterschiedliche Schwerpunkte und berichtet sich selbst jeweils über die eigenen Fortschritte (oder auch Rückschläge), beispielsweise: „Diese Woche ist Tapferkeit der Schwerpunkt.“

Die reflexive Bewusstmachung der eigenen Ziele und Bedürfnisse ist ein effektives Mittel, um das Leben mehr nach den eigenen Vorstellungen zu gestalten. „Leben statt gelebt werden“ ist hier die Devise. Das Kalkül dieser Übung ist auch, dass es den Blick auf intrinsische Werte richtet. Das sind Werte, die für sich selbst stehen. Für die Sie gerne arbeiten, ohne dass Sie dafür noch jemand extra belohnen muss. Wenn die (oft materielle) Belohnung von außen im Vordergrund steht, spricht man von extrinsischen Werten. Extrinsische Werte wie „Ich möchte reich und/oder berühmt werden“ rücken hier in den Hintergrund. Das heißt nicht, dass materielle Ziele grundsätzlich schlecht sind. Aber – auch hier sprechen die wissenschaftlichen Daten eine klare Sprache – intrinsische Werte sind für wahrgenommene Lebensqualität und subjektiven Lebenserfolg wesentlich hilfreicher als extrinsische Werte.

„Lebe im Moment, denke nicht an die Vergangenheit und Zukunft“, das ist ein oft wiederholter Rat an die Heere der Gestressten und Burnout-Gefährdeten unserer Zeit. Und tatsächlich ist das ja auch etwas, was wir im Rahmen von Achtsamkeit und

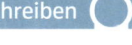

Meditationspraktiken versuchen einzuüben: Bleib im Moment, lass die Gedanken nicht abschweifen, mach dir nicht ständig Sorgen. Wie immer geht es auch hier um die Balance. Wer nur im Moment lebt und immer so tut, als wäre es der letzte Tag in seinem Leben, kann kein gelingendes Leben führen. Unser Leben macht nur im Zeitverlauf Sinn. Wir sind unsere Vergangenheit, Gegenwart und Zukunft. Das ist unsere einzigartige Lebensgeschichte. Es wäre verrückt, sich nicht um die Zukunft zu kümmern oder Vergangenes gleich wieder zu vergessen.

Genau auf diesen Punkt zielt die nächste Schreibübung ab, die gerade in kritischen Lebenssituationen, wo man an einem Scheideweg steht, besonders hilfreich sein kann. In „Plane deine Zukunft" geht es darum, den eigenen Lebensweg abzustecken, die eigene Lebensgeschichte in Angriff zu nehmen. Das bedeutet nicht, dass dann alles genauso eintritt, wie Sie es zu Papier bringen. Das ist auch gar nicht der Sinn. Es geht darum, eine Art Kompass zu haben, um auch tatsächlich in die Richtung zu gehen, in die Sie wollen, und sich nicht auf den vielen Abwegen zu verlieren.

Zu Beginn nehmen Sie sich etwa 30 bis 45 Minuten Zeit und bringen Ihre Vision der Zukunft aufs Papier. Der Zeitraum sollte dabei noch halbwegs überblickbar sein, also z. B. „Wie soll mein Leben in fünf Jahren aussehen?" Versuchen Sie, die wichtigsten Punkte aus ihrer Fantasie heraus zu beschreiben, es ist ein Brainstorming! Im nächsten Schritt beginnen Sie dann, Ihre Vorstellungen zu strukturieren. Eine Möglichkeit wäre die Einteilung in Lebensbereiche wie Beruf, Familie, Freunde, Hobbys usw. In der nächsten Aufgabe widmen Sie sich dem Reality Check. Welche Punkte Ihrer Vision, welche Träumereien lassen sich in die Tat umsetzen? Formulieren Sie dafür konkrete Ziele, die Sie erreichen möchten.

Anschließend planen Sie für Ihre Ziele konkrete Aktivitäten, die für die Erreichung der Ziele nötig sind. Definieren Sie jene Handlungen, mit denen Sie beginnen möchten, und hinterlegen Sie sie mit einem Zeithorizont, z. B. zwei Wochen. In regelmäßigen Abständen reflektieren Sie mittels Tagebuch wieder Ihre Vision, Ziele und Aktivitäten und sehen so Ihre Fortschritte oder Rückschläge. Vielleicht merken Sie auf dem Weg auch, dass die eine oder andere Vision vielleicht doch nicht so gut passt. Halten Sie dann nicht an Zielen fest, die nicht mehr passen.

Diese Tipps sind Impulse, die Sie für Ihren persönlichen Bedarf abwandeln können. Lassen Sie sich davon inspirieren, aber befolgen Sie nicht Regeln um ihrer selbst willen. So wie Sie bei einem Kochrezept Zutaten weglassen, die Ihnen nicht schmecken, können Sie es auch hier handhaben. Finden Sie Ihr ganz individuelles Schreibkonzept für ein ruhigeres Leben!

WAS SIE JETZT TUN KÖNNEN

Schreiben kann helfen, ...
- negative Dinge geistig abzulegen,
- dankbar und zufriedener mit dem zu sein, was man hat,
- sich der eigenen Tugenden bewusst zu sein und danach zu handeln,
- sich die eigenen Ziele klarzumachen und langfristige Prioritäten zu setzen.

Genießen

Wer sich nicht auf der Schwelle des Augenblicks, alle Vergangen-
heit vergessend, niederlassen kann, wer nicht auf einem Punkte
wie eine Siegesgöttin ohne Schwindel und Furcht zu stehen
vermag, der wird nie wissen, was Glück ist.

Friedrich Nietzsche

Ist Ruhe etwas für Spießer, die daheim einsam ihrem Tagebuch von einem ereignislosen Tag berichten? Mitnichten. Ruhe ist etwas für Genießer, für Menschen, die das Leben mit allen Sinnen leben möchten. Die das Glück, am Leben zu sein, spüren.

In dem Film „Hectors Reise oder die Suche nach dem Glück" gibt es eine wunderbare Szene, die diesen Genuss fühlbar macht. Der gute Hector, der auf seiner Weltreise in alle möglichen Fettnäpfchen tritt, ist – begünstigt durch einen wunderbaren Zufall – völlig überraschend von seinen Entführern freigelassen worden. Als er realisiert, dass er tatsächlich frei ist, beginnt er in das nächste Dorf zu laufen, so schnell er kann. Ununterbrochen ruft er aus Leibeskräften: „Ich lebe! Ich lebe! Ich lebe!" Im Dorf angekommen wird schließlich ein großes Fest gefeiert und bis in den Morgen hinein getanzt, getrunken, gegessen.

Wann genießen wir das Leben? Sicherlich dann, wenn wir uns so richtig spüren, das Gefühl haben, aus dem Vollen zu schöpfen, ein Moment einfach nicht besser sein kann, wenn wir mit allen Sinnen leben. Dieses Glück, dass entgegen jeder Erwartung ein unglaublich positives Ereignis eintritt, lässt uns das Leben so richtig spüren. Wenn wir unser Glück kaum fassen können, dann ist es ein richtiger Genuss.

Glücklicherweise müssen wir nicht immer gerade dem Tod entronnen sein, um das Leben genießen zu können. Es gibt viele Arten, Genuss zu erfahren, das wussten schon die alten Griechen – nicht zuletzt deshalb, weil es für die antiken Philosophen ein Genuss war, sich den Kopf genau darüber zu zerbrechen.

Es gibt dazu zwei gedankliche Annäherungen. Die eine kommt aus dem heute noch gängigen Begriff des Hedonismus. So nennt man jene in der Antike entstandene philosophische Schule, die in Sinneslust und individuellem Glück den Sinn des Lebens sieht. Hier geht es vor allem darum, dass Genießen und damit Glück vor allem dann entsteht, wenn positive Emotionen ausgelöst werden (und negative ausbleiben). Die andere ist die sogenannte Eudämonie, ebenfalls ein philosophischer Begriff, der am ehesten mit „gelungener Lebensführung" übersetzt werden könnte. In dieser Vorstellung liegt der Genuss darin, dass man davon überzeugt ist, ein gelingendes, tiefgründiges Leben zu führen. Dass man sich selbst genügt. Dass man seine innere Ruhe wahrt, auch in stressigen Situationen. Dass man sein Glück vor allem durch die Arbeit an sich selbst (und seinen Tugenden) erreicht.

Eudämonie ist eine ganz wichtige Form des Lebensgenusses. Sie ist aber wesentlich bezogen auf einen langen Zeitraum, nicht nur auf den Moment. Darauf, welchen Sinn unser Leben, unsere gesamte Lebensgeschichte macht. Im Eingangszitat dieses Abschnitts weist Friedrich Nietzsche aber auch auf die Bedeutung des Moments, des Augenblicks hin. Dass es wichtig ist, auch mal alles zu vergessen, damit man eine Situation wirklich genießen kann. Da sind wir mitten im Hedonismus.

Mithilfe der modernen Psychologie lässt sich das noch etwas erweitern. Eine ganz wesentliche Zutat für ein ruhiges und genussvolles Leben ist die Autonomie bzw. individuelle Freiheit, im Mittelpunkt steht die „Erfahrung der Wahl". Wenn ich das Gefühl habe, in meinem Leben selbstständig Entscheidungen treffen zu können, meine Richtung selbst bestimmen zu können, bin ich frei. Das bedeutet nicht, dass man allen Verpflichtungen aus dem Weg geht, sondern sich bewusst für jene entscheidet, die man selbst für wichtig erachtet. Wird die Entscheidungsfreiheit ständig eingeschränkt, entsteht etwas, was wir in der modernen Welt allzu oft erleben: Reaktanz – auf den Alltag heruntergebrochen nichts anderes als Trotz.

Stellen Sie sich Folgendes vor: Sie nehmen eine Arbeitspause und möchten sich einen kurzen Moment des Genusses gönnen – einen Kaffee. Sie stehen vor dem Kaffeeautomaten und werfen Ihr abgezähltes Kleingeld hinein (Sie gehen die Verpflichtung ein zu bezahlen – freiwillig, denn Sie haben sich für den Kaffee entschieden), das elektronische Menü führt Sie durch die möglichen Optionen: Art des Kaffees, mit oder ohne Milch, mit oder ohne Zucker ... Sie treffen Ihre Wahl, und dann passiert etwas sehr Ärgerliches. Statt des Kaffees kommt eine Fehlermeldung. Entnervt drücken Sie einen Knopf, um Ihr Geld zurückzubekommen – ohne Erfolg. Geld weg, aber auch kein Kaffee.

Genau hier entsteht Reaktanz, das Gegenteil von Autonomie. Die Wahlfreiheit wird von außen eingeschränkt, noch dazu von einer Maschine, das ist sehr frustrierend. Die armen Automaten müssen dann meist einiges aushalten. Ihre Knöpfe werden unzählige Male gedrückt, sie werden angeschrien, nicht selten auch geschlagen.

Neben der Autonomie sind auch Kompetenz und Bezogenheit wichtige Elemente des Genusses. Es hinterlässt ein positives Gefühl, wenn man die Aufgaben und Anforderungen, die das Leben stellt, zum allergrößten Teil bewältigen kann – wir erleben Kompetenz. Bezogenheit bedeutet, dass wir Teil eines sozialen Gefüges sind, in dem wir eine Rolle spielen, bedeutsam sind. Wo wir mit Menschen zu tun haben, denen wir nicht egal sind und die uns nicht egal sind, die wir brauchen und die uns brauchen.

Oft sind es die kleinen Ereignisse in unserem Leben, die positive Gefühle auslösen. Wenn wir mit Freunden zusammensitzen und – entgegen jeder Vernunft – nicht nach Hause gehen, sondern noch ein Glas trinken, weil es gerade so lustig oder interessant ist. Wenn aus dem Nichts ein Feldhase mitten durch eine Parkwiese in der Innenstadt hoppelt. Wenn wir beobachten, wie Kinder sich euphorisch in den ersten Schnee des Winters werfen. Wenn wir eine wunderschöne Landschaft sehen oder den Duft einer exotischen Blume im botanischen Garten einatmen.

Vieles davon ergibt sich aus Zufällen, aus einem aufmerksamen Moment heraus. Die meisten dieser Ereignisse fallen uns nicht auf, entgehen uns, weil unser Kopf voll ist mit To-do-Listen. Oft sind die Zufälligkeiten ja gerade die genussvollsten, aber ein bisschen lässt sich Genuss auch steuern.

Es ist günstig, wenn man bereits Bescheid weiß, was einem selbst Genuss bereitet. Wenn das nicht der Fall ist, sollten Sie sammeln gehen. Durchforsten Sie bewusst Ihren Alltag und notieren Sie Momente, Ereignisse, Erlebnisse, die Ihnen Freude gemacht oder Ihre Sinne positiv angesprochen haben. Eine heiße Dusche nach dem Heimkommen, das Glas Wein auf der

Couch, das Lesen eines Buches, eine Massage, barfuß durch die Wohnung oder den Garten gehen.

Aber auch Basteln, Heimwerken, Malen oder Sport können Genuss verschaffen, egal ob Sie ihn selbst ausüben oder zusehen. Ich selbst bin zwar kein Eishockeyfan, aber das Zusehen bereitet mir dennoch Freude. Mir ist gleichgültig, wer gewinnt, aber diesen tollen Athleten bei ihrer Arbeit zuzusehen ist ein Genuss. Das Geräusch, wenn die Scheibe den Schläger berührt, die Eislauffähigkeiten der Spieler, die raschen Tempowechsel, die feine Technik, die körperbetonten Zweikämpfe. Die ungeheure Schnelligkeit und das kleine Spielgerät – sogar das Zusehen bedarf einiger Übung.

Was einem Genuss bereitet, ist das eine, man sollte sich aber auch Zeit dafür nehmen, auch für die Vorfreude darauf, also einen regelmäßigen Termin mit sich selbst dafür vereinbaren und den genauso wichtig zu nehmen, als hätte man ihn mit einem guten Freund vereinbart.

Seine Genussfähigkeit zu trainieren, heißt, eine gute Balance zu finden zwischen Hedonismus und Eudämonie. Genuss ist etwas Lang- und Kurzfristiges. Es bedeutet, die wichtigsten Lebensfragen für sich geklärt zu haben, aber auch, den Moment zu genießen; es bedeutet, etwas Sinnvolles für andere zu tun, aber auch auf sich selbst zu schauen. Sein Leben in vollen Zügen zu genießen heißt nicht, immer nur das zu tun, was man will; es heißt auch nicht, dass man nie leidet, oder dass man sich dafür Vorwürfe macht, dass man leidet. Es heißt, dass man auch unter widrigen Bedingungen und Umständen gerne lebt, weil man weiß, dass das Leben mehr ist, als nur Spaß zu haben.

Verantwortungsvoll genießen – mit diesem Hinweis versehen Hersteller alkoholischer Getränke ihre Produkte. Ein gutes Motto für ein ruhigeres Leben.

WAS SIE JETZT TUN KÖNNEN

Hand aufs Herz: Wie oft missbrauchen wir Mahlzeiten als reine Nahrungsaufnahme, die hektisch und nebenbei erfolgt? Wir telefonieren, schauen Videos, lesen oder schreiben Mitteilungen, während wir essen – sogar bei jenen Nahrungsmitteln, die ausschließlich zum Genuss da sind.

Wenn Sie ein Stück Schokolade (oder ein anderes Genussmittel Ihrer Wahl) essen, nehmen Sie sich die Zeit dafür. Spüren Sie, wie sie auf Ihrer Zunge langsam zergeht, und verzichten Sie bewusst auf andere Tätigkeiten.

NOTFALLSET RUHE

Ein schwieriger Arbeitstag, der Streit mit einer nahestehenden Person, oder einfach zu viel Stress den ganzen Tag über – manchmal benötigt man rasch einen Impuls für mehr Ruhe. Genau für solche Situationen ist dieses Notfallset bestimmt. Diese elf kleinen Ideen und Gedanken basieren auf wissenschaftlichen Erkenntnissen und jahrhundertalten philosophischen Weisheiten. Um zur Ruhe zu kommen, braucht es oft nur kleine Veränderungen von Gewohnheiten, Sie müssen nicht gleich Ihr ganzes Leben umstellen. Das ist leichter, und es ist vor allem effektiver.

1. Setzen Sie sich aufs Sofa und machen Sie einmal gar nichts

Und zwar wirklich nichts. Kein Handy, kein Fernseher, keine Zeitung, keine Musik. Bleiben Sie ruhig sitzen, betrachten Sie nacheinander die Gegenstände im Raum, das Bild an der Wand, die Vase auf dem Tisch. Wenn Sie anfangen, über ein Problem nachzudenken, lenken Sie Ihre Aufmerksamkeit wieder sanft auf die Einrichtungsgegenstände. Gewöhnen Sie Ihr Gehirn daran, auch einmal ohne ständigen Input zu leben. Lassen Sie die aufkommende Langeweile bewusst zu. Nach fünf Minuten machen Sie mit Ihren Alltagstätigkeiten weiter.

2. Gehen Sie raus, machen Sie einen Spaziergang

Die Mittagspause vor dem Bildschirm, der Snack auf der Tastatur. Gestalten Sie die Arbeitsunterbrechung effektiver. Ändern Sie die Perspektive, gehen Sie raus. In den vorangegangenen Kapiteln haben wir gesehen, wie wirkungsvoll „Rausgehen" sein kann. Ein Spaziergang kann genauso viel zur inneren Ruhe beitragen wie eine Meditation – und dafür muss man keine Techniken lernen oder Kurse bezahlen.

3. Stoppen Sie den inneren Kritiker

Perfektionismus und Selbstoptimierung sind die größten Treiber der inneren Unruhe. Ein gutes Ergebnis ist meistens sinnvoller als ein perfektes Ergebnis. Warum? Weil die Kosten-Nutzen-Balance noch stimmt. Perfektionismus kostet unverhältnismäßig viel Energie und bringt zumeist wenig. Sie könnten weiter sein in Ihrer Karriere? Andere mit ähnlicher Ausbildung verdienen viel mehr? Wäre es nicht langsam mal Zeit, eine Familie zu gründen?

Vergleiche mit anderen lassen uns manchmal zweifeln, aber wir sollten deshalb nicht verzweifeln. Die Leistungen anderer sind schön und gut, aber können Sie das wirklich mit Ihrem Leben vergleichen? Jeder lebt sein einzigartiges Leben und das ist gut so. Sie tun, was Sie können, um eine gute Person zu sein. Das Ergebnis lässt sich nicht immer beeinflussen. Seien Sie nachsichtiger mit sich. Wenn Sie zweifeln, setzen Sie sich abends hin und schreiben Sie auf, was Ihnen heute gut gelungen ist, was positiv verlaufen ist.

4. Jemand reizt Sie, Sie ärgern sich? Warten Sie mit der Reaktion

Sie bekommen eine Mail, in der Ihre Arbeit infrage gestellt wird. Ihr Partner macht Ihnen unhaltbare Vorwürfe. Voller Wut hauen Sie eine Vergeltungsmail in die Tasten. Verletzt schreien Sie Ihren Partner an und werfen Ihrerseits mit Anschuldigungen um sich.

Das mag kurzfristig erleichternd sein, für Ihre Seelenruhe bringt das mittel- und langfristig natürlich nichts. Das Wichtigste also: Warten Sie mit der Reaktion. Im Einzelbüro können Sie den Computer anschreien oder eine Antwortmail schreiben, die Sie nie abschicken. Der Partner wird vielleicht darauf eingehen, wenn Sie sagen, dass Sie etwas später darüber auf sachliche Art sprechen möchten. Die Wartezeit lässt die Emotion abkühlen und ermöglicht eine vernünftige Reaktion.

5. Fragen Sie sich: Gehört das zu den nötigen Dingen?

Prioritäten zu setzen gehört zu den wichtigsten Handlungen, um auf Kurs zu bleiben. Das wusste schon der Philosophenkaiser Marc Aurel, der schrieb: „Beschränke deine Tätigkeit auf Weniges". Das ist noch immer von brennender Aktualität. Uns stehen alle Möglichkeiten offen, es gibt so viel von allem. Aber Freiheit bedeutet nicht, sich all das offen zu halten, sondern sorgfältig zu wählen und dann alle anderen Türen frohen Mutes zu schließen. Marc Aurels wichtigste Testfrage sollten Sie sich jeden Tag so oft wie möglich stellen: Gehört das zu den nötigen Dingen? Je öfter Sie Nein sagen können, desto besser für Ihre Seelenruhe.

6. Legen Sie Ihr Handy weg

Wie oft drücken und wischen wir gedankenlos auf unseren mobilen Endgeräten herum. Sie lenken uns ab, selbst wenn wir sie gar nicht nutzen – wir merken es meist gar nicht. So ist es auch in vielen anderen Situationen. Wir sind zwar physisch anwesend, verpassen aber wichtige Gesprächsinhalte, die Gesten und die Mimik unseres Gegenübers oder können eine schöne Situation, einen wertvollen Moment nicht wirklich genießen. Die beste Möglichkeit, im Moment zu bleiben: Schaffen Sie Zeit ohne Smartphone usw., parken Sie es in einer Schublade, in einer Tasche, im Handschuhfach Ihres Autos. Wenn Sie Ihr Kind baden, mit Ihrem Partner sprechen oder sich auf eine Präsentation vorbereiten, brauchen Sie Ihr Handy nicht. Schon gar nicht, wenn Sie einen schönen Sonnenuntergang genießen möchten.

7. Notieren Sie drei Dinge, die Sie heute noch erledigen möchten

Der Tag ist schon fortgeschritten, ständige Anrufe, die Aufgaben stapeln sich – man kommt gefühlt zu gar nichts. Der Tag ist noch nicht verloren! Notieren Sie die drei wichtigsten Dinge, die Sie heute noch unbedingt erledigen möchten. Bleiben Sie auf diese drei Themen fokussiert, alles andere kann auch morgen noch gemacht werden.

8. Atmen Sie

Es ist banal. Aber bewusstes Atmen macht akut ruhiger, ob man will oder nicht. Konzentrieren Sie sich auf Ihre Atmung. Atmen Sie normal weiter und spüren Sie, wie sich die Lungen mit Luft füllen und wie sie beim Ausatmen wieder hinausströmt.

9. Sagen Sie öfter Nein

Elternsprechtag. Eine Mutter sagt zu ihrer Freundin: „Du, Tanja, du hast doch letztes Jahr diesen Kinderskikurs organisiert. Das war so toll, die Kinder haben geschwärmt davon. Machst du das heuer wieder?" Erwartungsvolle Augen sind auf Tanja gerichtet. Zwei weitere Mütter bringen sich ein: „Ja, Tanja, das wäre super, wenn du das wieder machen würdest." Tanja lächelt verlegen und windet sich. „Ja, klar, gerne kann ich das wieder machen – ist kein Aufwand".

Kommt Ihnen das bekannt vor? Durch Charme getarnt kommen zusätzliche Aufgaben auf Sie zu, für die Sie eigentlich weder Zeit noch Lust haben. Nein zu sagen ist schwierig, denn Sie wollen Ihr Gegenüber nicht vor den Kopf stoßen. Aber Sie können es auch diplomatisch machen, etwa so: „Danke, das freut mich sehr, dass es den Kindern so gefallen hat. Dieses Jahr geht es leider nicht, weil ich so viel Stress in der Arbeit habe. Aber gern gebe ich dir die Telefonnummer der Skischule, richte der Leiterin einen schönen Gruß von mir aus."

Sagen Sie öfter Nein! Die Menschen nehmen es Ihnen meistens nicht so krumm, wie Sie denken. Und wenn doch, ist es ja für einen guten Zweck: Ihre Seelenruhe.

10. Seien Sie wirksam

„Ich erwache, um als Mensch zu wirken", schreibt Marc Aurel. Das bedeutet: Egal wie groß oder klein der eigene Wirkungsbereich ist, tu, was du kannst, damit sich die Dinge zum Besseren verändern. Die Welt hat genug Besserwisser und Nörgler, die wüssten, was zu tun wäre, wenn sie etwas zu sagen hätten. Nun, Sie haben etwas zu sagen und auch zu tun – in dem Bereich, der unter Ihre Kontrolle fällt. Lernen Sie die Dinge so gut wie möglich zu akzeptieren, die Sie nicht ändern können. Aber lassen Sie sich nicht davon abhalten, in Ihrem Wirkungsbereich das Beste zu versuchen.

11. Erweitern Sie den Kontext und üben Sie sich in Dankbarkeit

Den französischen Philosophen Michel de Montaigne hat der Tod seines Freundes Étienne de La Boétie auch Jahrzehnte später noch tief bewegt. Einerseits wegen der stoischen Haltung, mit der der Sterbende dem Unausweichlichen entgegensah – Montaignes am meisten zitierter Ausspruch „Philosophieren heißt sterben lernen" könnte eine direkte Lehre dieses Verlusterlebnisses sein –, andererseits belastete ihn, dass eine so große Freundschaft so früh enden musste. Viele Konflikte, viele Alltagssituation verlieren schnell an Bedeutung, wenn wir den Kontext erweitern und uns fragen „Was würden wir in zehn Jahren dazu sagen?" oder „Wie würde ein Außenstehender das finden?"

Die eigene Begrenztheit und Endlichkeit ist schockierend und belastend. Sie hilft uns aber auch zu sehen, was wirklich wichtig ist. Sich mit der eigenen Begrenztheit zu arrangieren ist sicherlich ein Lebensthema, genauso jedoch auch, Freundschaften wertzuschätzen und intensive und intime Begegnungen in Erinnerung zu behalten. Das eigene Leben und die damit verbundenen Privilegien als selbstverständlich anzusehen ist ein Fehler. Üben Sie, dankbar zu sein für alles, was Sie haben und, noch wichtiger, was Sie erleben dürfen.

ZUM SCHLUSS

Unsere Kultur hat Technik und Ökonomie hervorgebracht und uns von der Natur entfernt, um das Leben einfacher, bequemer, komfortabler, gesünder und länger zu machen. Doch gleichzeitig haben wir uns auch eine Welt des Lärms und der Ablenkung gebaut. Die technologische Entwicklung bringt uns unschlagbare Annehmlichkeiten, gleichzeitig sind wir gestresst wie nie zuvor, können kaum ein Gespräch zu Ende führen, eine Tätigkeit zu Ende bringen oder einen klaren Gedanken fassen.

Der Philosoph Martin Heidegger hatte schon vor einem halben Jahrhundert eine finstere Ahnung, wohin uns die technische Entwicklung führen würde. Wir seien auf der „Flucht vor dem Denken", lautete seine Diagnose. Zwar nehme die Fähigkeit zum forschenden, planerischen Denken zu, doch das besinnliche Nachdenken verschwinde zunehmend. Die Welt der Zahlenspiele, des Quantifizierens dominiert unsere Gedankenwelt. Beim besinnlichen Nachdenken geht es dagegen darum, den Dingen auf den Grund zu gehen. Fragt ein kleines Kind, warum es die Welt gibt, antwortet der Erwachsene Dinge wie „Weil es den Urknall gab" oder Ähnliches. Doch das ist die falsche Antwort auf die Frage. Beim besinnlichen Nachdenken geht es um das Warum, nicht um das Wie. Es geht beispielsweise darum, warum etwas da ist, nicht, wie es funktioniert.

Diese Form des Nachdenkens geht deshalb verloren, weil der mentale Raum dafür zunehmend fehlt. Unsere mentalen Kapazitäten sind begrenzt, irgendwann sind die Aufmerksamkeitskapazitäten erschöpft. Wenn Lärm und Ablenkung permanent in unseren mentalen Raum eindringen und dort beständig für Unruhe sorgen, entsteht das Gefühl des rastlosen Getriebenseins. Dies erhöht wiederum die Bereitschaft, weitere technologische Unruhequellen zuzulassen, die für uns das rationale Denken übernehmen, die vorwegnehmen, was für uns jetzt jeweils am besten wäre.

Schritt für Schritt verlieren wir unsere Entscheidungsfähigkeit und damit unsere Freiheit und Individualität, wir finden uns in einer „freiwilligen Knechtschaft" wieder, wie es der französische Autor Étienne de La Boétie im 17. Jahrhundert formulierte. Die Ablenkungen und Zudringlichkeiten der immer ausgefeilteren Marketingtechnologien sind in diesem Sinne eine Methode, um uns von unserer Freiheit zu trennen. Meist fällt es uns nicht einmal auf, weil sie uns das Gefühl geben, wir hätten reale Optionen.

Martin Heidegger wusste noch nichts von der Digitalisierung, aber er wusste, wie man mit Technik umgeht. Es geht nicht um rückwärtsgewandtes Denken, um das Zurückdrehen der Zeit, um Technikfeindlichkeit. Es geht um „Gelassenheit". Gelassenheit bedeutet, dass wir die technologischen Möglichkeiten sehr wohl nützen, aber sie „zugleich auf sich beruhen lassen, als etwas, was uns nicht im Innersten und Eigentlichen etwas angeht". Wir sollten ihnen verwehren, dass „sie uns so ausschließlich beanspruchen und so unser Wesen verbiegen, verwirren und zuletzt veröden". Gelassenheit bedeutet, dass wir unsere Seele, unser Innerstes schützen. Im Sinne dieses Buches bedeutet Heideggers Gelassenheit mehr Ruhe, mehr mentalen Raum.

Ruhe, das ist mehr, als einfach nur eine Pause machen – es ist eine Haltung zum Leben, die einen völliger Kontrapunkt zur Lärm- und Empörungskultur um uns herum darstellt. Von allen Seiten angegriffen ist die Ruhe auch dort noch bedroht, wo von Achtsamkeit und Ähnlichem die Rede ist. Wir können die Welt um uns nicht einfach umkrempeln, einfach leise machen oder nach unseren Fantasievorstellungen gestalten – auch diese Einsicht der eigenen Ohnmacht gehört zu einem guten Umgang mit der Ruhe. Und doch haben wir es in der Hand, ihre Verteidigungsposition zu stärken, etwas Ruhe zurückzuholen von der immer fordernderen und schrilleren Umwelt.

Moderne Technologien sagen uns, was wir konsumieren sollten, wer cool ist und wer nicht, mit wem wir Kontakt haben sollten und mit wem nicht, dass sie der wichtigste Bestandteil in unserem Arbeitsleben ist, sie sagen uns, wohin wir fahren sollen und wohin nicht, was sehenswert ist und was nicht. Sie zeigen uns, was wichtig ist im Leben ist und was nicht. Im Sinne Heideggers können wir es uns dagegen zur Tugend machen, Technologien bewusst zu nutzen, um *unsere* Vorstellungen zu verwirklichen, um unsere sozialen Beziehungen zu fördern, um unsere Arbeit gut zu erledigen. Wir sollten selbst entscheiden, was wir konsumieren, mit wem wir Kontakt halten und was wir sehen möchten. Nur wir können entscheiden, was in unserem Leben wichtig ist. Niemand sonst.

Technologien müssen unsere Diener sein und nicht umgekehrt. Da geht es nicht um digitale Diät oder darum, einmal das Smartphone wegzulegen, es ist eine Grundhaltung. Wer mehr Ruhe möchte, kann sich grundsätzlich gut daran orientieren, welche gesellschaftlichen Trends es gibt, um dann genau das Gegenteil zu machen.

Sie überlegen, einen Kurs zu machen, nach dem Sie schneller lesen und mehr Informationen in kürzerer Zeit aufnehmen können? Zeit, um sich noch mehr Zeit zu nehmen, um in Ruhe zu lesen.

Sie brauchen unbedingt eine neue Software, eine neue App? Zeit, um das Handy wegzulegen und einmal zum Fenster hinauszuschauen und den Moment der Ruhe zu genießen.

Sie spüren Langeweile in sich aufkommen, weil sie einige Minuten auf etwas warten müssen? Zeit, um die Kopfhörer gar nicht erst herauszunehmen. Ruhe heißt: die Langeweile zuzulassen, die eigene Aufmerksamkeit liebevoll zu beruhigen, dass jetzt gerade kein Impuls von außen kommt.

Jedem ist klar, dass schlechte Ernährung zu höherem Körpergewicht, schlechterer Fitness, ja sogar schlechterer psychischer Verfassung führt. Dasselbe gilt für unsere geistige Nahrung. Wenn wir immer Nachrichten konsumieren, die so gemacht sind, dass wir wütend werden und uns schlecht fühlen sollen – dann werden wir uns irgendwann auch so fühlen. Wenn wir den ganzen Tag Videos schauen, in denen dumme Menschen dumme Dinge tun – dann sind wir irgendwann selber dumm. Wenn wir nur Unsinn konsumieren, ist unser mentaler Raum irgendwann voll davon.

Wenn wir verlernen, selbst zu denken, verlieren wir unsere Kreativität und Fantasie. Unser Innenleben wird zu einer Wüste, wir sind süchtig nach den Impulsen von außen, die uns aber noch mehr Sand ins Getriebe streuen, und irgendwann ist die letzte Oase aus unserer mentalen Landschaft verschwunden. Die eigene Innenwelt pflegen, dafür zu sorgen, dass wir uns vor allem Impulsen aussetzen, die uns ruhiger machen oder aber positiv herausfordern – das ist eine wichtige Aufgabe, wenn es um Ruhe geht.

Wir haben auf den vorangegangenen Seiten gesehen, dass große Persönlichkeiten um den Wert der Stille wussten. Vor großen Entscheidungen, in Phasen höchster Produktivität haben sie sich zurückgezogen, um „Ruhe zu haben". Tiefe Konzentration, aber auch Heideggers „Nachdenken" brauchen diese Ruhe. Wir selbst – auch wenn wir keine großen Erfinder, Weltenlenker, Künstler sind – können uns diese Gewohnheit ebenso zunutze machen. Das Nachdenken zu kultivieren, jeden Tag Phasen dafür vorzusehen, wäre eine solche Gewohnheit. Als besonders wirksam hat sich erwiesen, den Tag am Abend schriftlich Revue passieren zu lassen und die Dinge, die uns am meisten beschäftigen, sich nochmals zu vergegenwärtigen, einen positiven Ausblick auf den nächsten Tag skizzieren.

Wenn im Kontakt mit einem anderen Menschen der Druck, das Schweigen zu durchbrechen, so groß wird, dass man ihn spüren kann – vielleicht erinnern wir uns dann daran, dass Ruhe zuzulassen auch heißt, einfach mal nichts zu sagen, wenn es nichts zu sagen gibt. Das Liebespaar, das händehaltend am Strand sitzt und die untergehende Sonne betrachtet – ein einziges Wort hätte diese Idylle wohl zerstört.

Auf den vorigen Seiten habe ich von den Methoden für mehr Ruhe im Leben gesprochen. Sie haben gesehen, dass selbst banalste Tätigkeiten wie das Spazierengehen dazu beitragen können, dass wir ein ruhigeres Leben führen. Doch die Praxis, die vielleicht am wirksamsten unsere Unruhe reduziert, ist die Vergebung. Wer anerkennt, dass Menschen unvollkommen sind, ist zwar wütend und gekränkt, wenn er ungerecht behandelt wird. Aber er lässt nicht zu, dass diese Wut zu einer Abwärtsspirale aus negativen Gedanken und Emotionen wird.

Vergebung bedeutet nicht, dass man das Unrecht einer Tat herunterspielt oder es einfach vergisst. Es bedeutet, dass man sich selbst emotional davon distanziert, weil man anerkennt, dass Menschen manchmal eben unbesonnen, moralisch falsch oder gedankenlos handeln. Wir alle sind unzulänglich. Auch wir selbst. Und da ist oft am schwierigsten zu akzeptieren, dass man auch manchmal falsch handelt. Dass man bereit ist, die Zustände, die aus diesen Handlungen folgen, anzunehmen.

Ruhe mag sich nicht immer und sofort durch bewusste Entscheidungen herbeiführen lassen. Aber wir können uns Handlungen und Einstellungen, die zur Unruhe führen, bewusster machen. Ja, wir können Methoden anwenden, ruhiger zu werden, wir können auf unsere Umwelt einwirken und sie ruhiger gestalten. Dazu habe ich versucht, Ihnen, liebe Leserin, lieber Leser, Impulse und Perspektiven an die Hand zu geben. Innere Ruhe, Seelenruhe ist nicht einfach ein Zustand, den man herbeiführt, sondern etwas, worum man beständig kämpfen, worauf man immer achten muss. Ruhehygiene garantiert kein ruhiges Leben – aber sie ist eine Tugend, der es sich zu folgen lohnt. Ein Leben lang. Dass Ihnen das gelingt, wünsche ich Ihnen.

DANK

Während ich diese Zeilen schreibe, befindet sich die Welt in einer sehr wechselvollen Zeit. Die Covid-19-Pandemie hat so viel von dem verändert, was wir für selbstverständlich hielten, mit weiter ungewissem Ausgang. Es ist eine Zeit, in der viele Menschen sehr viel ertragen müssen. Manche mehr, als sie ertragen können. Die Seelenruhe vieler wird auf eine harte Probe gestellt. Ich habe daher mein Bestes gegeben, um meine Vor- und Ratschläge, die Impulse und Übungen krisenfest zu machen. Sie sind nicht nur philosophisch oder wissenschaftlich fundiert. Sie haben schon bisher funktioniert – auch bei mir selbst. Ich wünsche Ihnen, liebe Leserinnen und Leser, dass Sie davon bestmöglich profitieren können.

Gleichzeitig möchte ich die Gelegenheit nutzen, um mich bei den Leserinnen und Lesern meiner bisherigen Bücher zu bedanken. Ohne ihr positives Feedback hätte ich nicht den Mut gehabt, mich wieder an die Schreibarbeit zu machen. Ich darf mich bei Alfred Pittertschatscher, Anton A. Bucher und Thomas Engl für die Unterstützung meiner Arbeit bedanken. Kati Wilhelm und Peter Hackmair haben sich die Zeit für intensive Gespräche über ihre wertvollen Einsichten aus dem Profisport genommen.

Ich bedanke mich bei Katja Koschate und ihren Kollegen vom humboldt Verlag sowie meiner Lektorin Linda Strehl für ihren respektvollen, professionellen und auch nachsichtigen Umgang mit mir. Dieses Klima der konstruktiven, positiven Zusammenarbeit schätze ich sehr.

Vielen Autorinnen und Autoren haben sich zum Thema Stille bereits Gedanken gemacht, Studien durchgeführt, praktische Übungen entwickelt. Ich bin dankbar für diese Quellen der Inspiration – ein umfangreiches Literaturverzeichnis finden Sie ab Seite 164.

Das Wichtigste zum Schluss. Mein innigster Dank gilt meiner gesamten Familie. Besonders hervorheben möchte ich meine Mutter Christine Augner, die eine unermüdliche Verbreiterin meiner Bücher ist. Mein größtes Privileg ist es, den Weg mit meiner Ehefrau und Partnerin Kerstin Augner gehen zu dürfen. Die Tatsache, dass ich ihr begegnet bin, ist eine der glücklichsten Fügungen in meinem Leben.

Wenn es Ihnen gefallen hat, besuchen Sie mich doch gerne auf meiner Autorenseite bei Amazon. Wie jeder Autor freue ich mich über positive Bewertungen.

TIPPS ZUM WEITERLESEN

Augner, Christoph (2016). Seele auf Sinnsuche. Für eine Psychologie, die unserem Leben wieder Halt gibt. Patmos

Augner, Christoph (2020). Selbstoptimierung ist auch keine Lösung. Schluss mit dem Perfektionswahn, Patmos

Bucher Anton A. (2016). Ehrfurcht. Psychologie einer Stärke. Patmos

Carr, Nicholas (2013). Surfen im Seichten. Was das Internet mit unserem Hirn anstellt. München. Pantheon

Casanova, Giacomo (2012). Meine Flucht aus den Bleikammern von Venedig. C.H. Beck

Crawford, Matthew B. (2016). Die Wiedergewinnung des Wirklichen: Eine Philosophie des Ichs im Zeitalter der Zerstreuung. Ullstein

Ernst, Heiko (2011). Innenwelten. Warum Tagträume uns kreativer, mutiger und gelassener machen. Klett-Cotta

Grün, Anselm (2013). Der Anspruch des Schweigens. Vier-Türme

Hodgkinson, Tom (2013): Anleitung zum Müßiggang. Insel Taschenbuch

Löhken, Sylvia (2017). Leise Menschen, gutes Leben. Das Entwicklungsbuch für introvertierte Persönlichkeiten. Gabal

Marc Aurel (2018). Wege zu sich selbst. Nikol

Newport, Cal (2017). Konzentriert arbeiten. Regeln für eine Welt voller Ablenkungen. Redline

Seneca, Lucius Annaeus (2010). Von der Seelenruhe. Vom glücklichen Leben. Anaconda

Storr, Anthony (1988). Solitude. A return to the self. Free Press (deutsche Ausgabe: Schöpferische Einsamkeit. Das Geheimnis der Genies. Paul Zsolnay, vergriffen)

QUELLEN

Einleitung

Augner C (2010). Arbeits- und Freizeitzufriedenheit – Zusammenhänge mit physischen und psychischen Befindlichkeitsparametern. Arbeitsmedizin, Sozialmedizin, Umweltmedizin 45(12):665-668

DeArmond S u. a. (2014). Workload and procrastination: The roles of psychological detachment and fatigue. International Journal of Stress Management 21(2):137–161

Evelt A (2018). Der perfekte Elfmetertrainer. Spiegel, https://www.spiegel.de/sport/fussball/wm-2018-gareth-southgate-der-perfekte-elfmeter-trainer-fuer-england-a-1216580.html

Friesinger T (2012). Fühlen, was wir brauchen: Die inklusive Kommunikation. Books on Demand

Germeys L, De Gieter S (2017). Psychological detachment mediating the daily relationship between workload and marital satisfaction. Frontiers in Psychology, https://doi.org/10.3389/fpsyg.2016.02036

Kruse K (21.7.2017). Stick the landing: An interview with Sully Sullenberger. Forbes, https://www.forbes.com/sites/kevinkruse/2017/07/21/stick-the-landing-an-interview-with-sully-sullenberger/

Nietzsche F (2000). Wie man wird, was man ist. Insel Taschenbuch

Seneca, LA (2010). Von der Seelenruhe. Vom glücklichen Leben. Anaconda

Warum wir Ruhe vermeiden

Carr N (2011). The Shallows. How the internet is changing the way we think, read and remember. Atlantic (dt.: Surfen im Seichten. Was das Internet mit unserem Hirn anstellt. Pantheon)

Coplan RJ, Bowker JC (Hrsg.) (2014). The handbook of solitude. Psychological perspectives on social isolation, social withdrawal, and being alone. Wiley Blackwell

Crawford MB (2015). The world beyond your head: On becoming an individual in an age of distraction. Farrar, Straus and Giroux (dt.: Die Wiedergewinnung des Wirklichen: Eine Philosophie des Ichs im Zeitalter der Zerstreuung. Ullstein)

Kafka, F (1976). Brief an Felice und andere Korrespondenz aus der Verlobungszeit. Fischer

Kafka, F (1994). Tagebücher Band 2: 1912–1914. Fischer

Langeneder J (2013). Die Sehnsucht nach Stille. Welt der Frauen. Abgerufen von: https://www.welt-der-frauen.at/die-sehnsucht-nach-stille/

Newport C (2019). Digital minimalism. Choosing a focused life in a noisy world. Penguin

Sonnenberg J (2019). Alvin Toffler's „Future Shock" – 50 Jahre danach. Kompaktmedien. Abgerufen von: https://www.kompaktmedien.de/alvin-tofflers-future-shock-50-jahre-danach/

Storr A (1988). Solitude. A return to the self. Free Press

Was wir verlieren

Allen S (2018). The science of awe. A white paper prepared for the John Templeton Foundation by the Greater Good Science Center at UC Berkeley

Antonucci TC u. a. (2017). Social relations and technology: Continuity, context, and change. Innovation in Ageing 1(3): 1–9

Basner u. a. (2014). Auditory and non-auditory effects of noise on health. The Lancet 383 (9925): 1325–1332

Bauer C u. a. (2019). Mindfulness training reduces stress and amygdala reactivity to fearful faces in middle-school children. Behavioral Neuroscience 133(6): 569–585

Bodenmann G (2003). Die Bedeutung von Stress für die Partner-schaft. In: I. Grau u. a. (Hrsg.): Sozialpsychologie der Partner-schaft (S. 483–502). Springer

Gogol N (2006). Die Nase. Der Mantel. Anaconda

Grau A (2017). Hypermoral. Die neue Lust an der Empörung. Claudius

Immordino-Yang MH (2016). Emotion, sociality, and the brain's default mode network. Insights for educational practice and policy. Policy Insights from Behavioral and Brain Sciences 3(2): 211–219

Jünger E (1985). Eine gefährliche Begegnung. Klett-Cotta

Jünger E (1998). Strahlungen I. Gärten und Straßen, Das erste Pariser Tagebuch, Kaukasische Aufzeichnungen. dtv

Kushlev K, Proulx J, Dunn EW (2016). "Silence your phones": Smartphone notifications increase inattention and hyperactivity symptoms. CHI '16, May 07–12, 2016, San José, CA, USA. DOI: http://dx.doi.org/10.1145/2858036.2858359

Long CR, Averill JR (2003). Solitude: An exploration of benefits of being alone. Journal for the Theory of Social Behaviour 33(1): 21–44

Marron TR u. a. (2018). Chain free association, creativity, and the default mode network. Neuropsychologia 118: 40–58

Misra S u. a. (2016). The iPhone effect: The quality of in-person social interactions in the presence of mobile devices. Environment and Behavior 48(2): 275–298

Newport C (2016). Deep work. Rules for focused success in a distracted world. Piatkus (dt.: Konzentriert arbeiten. Regeln für eine Welt voller Ablenkungen. Redline)

Orwell G (2021). 1984. Nikol

Schrofner D (2019). Umfrage Reizüberflutung im digitalen Zeitalter. Österreicher schwimmen in der Informationsflut. Abgerufen von: https://www.meinbezirk.at/salzburg/c-gesundheit/oesterreicher-schwimmen-in-der-informationsflut_a2984319

Wiener Zeitung (17.5.2017). Der letzte Ort Privatheit. Abgerufen von: https://www.wienerzeitung.at/nachrichten/wissen/mensch/892689-Der-letzte-Ort-Privatheit.html

Warum wir die Ruhe brauchen

Akrivou K u. a. (2011). The sound of silence – A space of morality? The role of solitude in ethical decision making. Journal of Business Ethics 102: 119–133

Augner C (2010). Arbeits- und Freizeitzufriedenheit. Zusammenhänge mit physischen und psychischen Befindlichkeitsparametern. Arbeitsmedizin Sozialmedizin Umweltmedizin 45: 665–668

Caranfa A (2003). Silence as the foundation of learning. Educational Theory 54(2): 211-230

Casanova G (2012). Meine Flucht aus den Bleikammern von Venedig. C.H. Beck

Claßen T (2013). Lärm macht krank! – Gesundheitliche Wirkungen von Lärmbelastungen in Städten. Information zur Raumentwicklung 3: 223-234

Comer DR, Sekerka LE (2014). Taking time for patience in organizations. Journal of Management Development 33(1): 6–23

Dawson J (2003). Reflectivity, creativity, and the space for silence. Reflective Practice 4(1): 33–39

Haskins C (2011). The gift of silence. Montessori Life Summer 2011, 34–39

Helle HJ (2017). Daoism: China's native religion. In: China: Promise or threat? Brill. https://www.jstor.org/stable/10.1163/j.ctt1w8h29s.12

Long CR, Averill JR (2003). Solitude: An exploration of benefits of being alone. Journal for the Theory of Social Behaviour 33: 21–44

Nakamura J, Csikszentmihalyi M (2014). The concept of flow. Flow and foundations of positive psychology S. 239–263

Newport C (2016). Deep work. Rules for focused success in a distracted world. Piatkus (dt.: Konzentriert arbeiten. Regeln für eine Welt voller Ablenkungen. Redline)

Nguyen TT u. a. (2018). Solitude as an approach to affective self-regulation. Personality and Social Psychology Bulletin 44(1): 92–106

Röttgers H (1999). Das Problem der Wissenschaftlichkeit der Philosophie. Königshausen & Neumann

Seneca LA (2010). Von der Seelenruhe. Vom glücklichen Leben. Anaconda

Spektrum.de. Crowding-Modelle. Abgerufen am 20.10.2020, www.spektrum.de

Spiegel (16.4.2014). Psychologie: „An Lärm kann man sich nicht gewöhnen". www.spiegel.de

Storr A (2005). Solitude. A return to the self. Free Press

Vago DR, Zeidan F (2016). The brain on silent: Mind wandering, mindful awareness, and states of mental tranquility. Annals of the New York Academy of Sciences 1373: 96–113

Wagner AC (2011). Gelassenheit durch Auflösung innerer Konflikte: Mentale Selbstregulation und Introvision. Kohlhammer

Die Ruhe kultivieren

Augner C (2010). Arbeits- und Freizeitzufriedenheit. Zusammenhänge mit physischen und psychischen Befindlichkeitsparametern. Arbeitsmedizin Sozialmedizin Umweltmedizin 45: 665–668

Baumann S. (2018). Psychologie im Sport. Meyer & Meyer

Bernard Z (9.1.2019). Jeff Bezos' advice to Amazon employeed is to stop aiming for work-life "balance" – here's what you should strive for instead. Business Insider, https://www.businessinsider.de/jeff-bezo-advice-to-amazon-employees-dont-aim-for-work-life-balance-its-a-circle-2018-4?r=US&IR=T

Boutwell BB u.a. (2017). General intelligence in friendship selection. A study of preadolescent best friend dyads. Intelligence 64: 30–35

Eucken RC (1918). Die Lebensanschauungen der großen Denker. Veit & Comp. https://gutenberg.spiegel.de/buch/die-lebensanschauungen-der-grossen-denker-9641/1

Hackmair PA (2018). Träum weiter. 15 Fragen, die sich jeder Träumer stellen sollte. serendii publishing

Löhken S (2017). Leise Menschen, gutes Leben. Gabal

Lotter W. (2015). Ruhe bitte! www.brandeins.de

McNerney S (3.8.2020). Losing autonomy in the age of automation. www.sammcnerney.com

Newport C (2016). Deep work. Rules for focused success in a distracted world. Piatkus (dt.: Konzentriert arbeiten. Regeln für eine Welt voller Ablenkungen. Redline)

Ohm L. Glaube und Handeln von Hans und Sophie Scholl. 22.2.2018, www.evangelisch.de

Nolan V (8.6.2015). Herr Hodgkinson, warum sind faule Eltern bessere Eltern? Fritz und Fränzi: Das Schweizer Elternmagazin. https://www.fritzundfraenzi.ch/gesellschaft/familienleben/ herr-hodgkinson-warum-sind-faule-eltern-bessere-eltern

Ong HLC, Jeyaraj (2014). Work-life interventions: Differences between work-life balance and work-life harmony and its impact on creativity at work. SAGE Open July – September 2014: 1–11

Schophoff J. Lasst mich in Ruhe. Die Zeit, 16.12.2017, www.zeit.de

Thoreau HD (2016). Walden oder Leben in den Wäldern. Nikol

Vi Luan Tran K (2019). Work, family and faith: True work/life harmony comes by staying true to yourself. https://linkedin.com/pulse/work-family-faith-true-worklife-harmony-comes-staying-tran

Wirtschaftspsychologie aktuell (14.2.2014). Müßiggehen. https://www.wirtschaftspsychologie-aktuell.de/strategie/ strategie-20140214-muessig-gehen.html

Impulse für mehr Gelassenheit

Augner C (2010). Arbeits- und Freizeitzufriedenheit. Zusammenhänge mit physischen und psychischen Befindlichkeitsparametern. Arbeitsmedizin Sozialmedizin Umweltmedizin 45: 665–668

Augner C (2011). Associations of subjective sleep quality with depression score, anxiety, physical symptoms and sleep onset latency. Cent Euro J Public Health 19(2): 115–117

Augner C (2015). Depressive symptoms and perceived chronic stress predict test anxiety in nursing students. Central European Journal of Nursing and Midwifery 6(3): 291–297

Bell PA (2001). Environmental Psychology. Harcourt

Business Insider (13.4.2016). 8-Stunden-Schlaf ist eine Erfindung der Moderne. www.businessinsider.de

Cicero, MT (1986). De officiis. Vom pflichtgemäßen Handeln. Lateinisch/Deutsch. Reclam

Deci EL & Ryan RM (2008). Hedonia, eudaimonia, and well-being: An introduction. Journal of Happiness Studies 9: 1–11

Dewink G. (2018). 10 ways to improve your sleep. www.medium.com

De Young R (2010). Restoring mental vitality in an endangered world: Reflections on the benefits of walking. Ecopsychology 2(1): 13–22

De Young R u. a. (2017). Some psychological benefits of urban nature. Advances in Psychology Research 116: 93–120

Evelt A (2018). Der perfekte Elfmetertrainer. Spiegel, https://www.spiegel.de/sport/fussball/wm-2018-gareth-south-gate-der-perfekte-elfmeter-trainer-fuer-england-a-1216580.html

Gotnik RA u. a. (2016). Mindfulness and mood stimulate each other in an upward spiral: a mindful walking intervention using experience sampling. Mindfulness 7: 1114-1122

Grün A (2013). Der Anspruch des Schweigens. Vier-Türme

Hardy B (2018). Willpower doesn't work. Discover the hidden keys to success. Piatkus

Hill CE u. a. (2003). Therapist use of silence in therapy: a survey. Journal of Clinical Psychology 59: 513–524

Irish LA, Kline CE, Gunn HE, Buysse DJ, Hall MH (2015). The role of sleep hygiene in promoting public health: A review of empirical evidence. Sleep Med Rev. 22: 23–36

Khazan O. (28.1.2015). The forgiveness boost. The Atlantic, https://www.theatlantic.com/health/archive/2015/01/the-forgiveness-boost/384796/

Klatzer J (7.1.2016). Immanuel Kant und die Selbstdisziplin eines Genies. www.kurier.at

Leanza M (2009). Kants Schlafgewohnheiten – Krankheitsprävention als Selbsttechnologie. Sociologia Internationalis 47(2): 259–285

Lee IM, Buchner DM (2008). The importance of walking to public health. Medicine & Science in Sports & Exercise: S512–S5128

McDonald FF (2005). Why do we talk so much? The art of science in psychotherapy. Annals of the American Psychotherapy Association 8(2): 43

Morin A (2014). 13 things mental strong people don't do. William Morrow (dt.: 13 Dinge, die mental starke Menschen nicht tun. Für alle, die sich heute besser fühlen möchten als gestern. Fischer)

Novalis (2006). Hymnen an die Nacht. Hymnen, Lieder und andere Gedichte. Anaconda

Pascal B (1997). Pensées. Gedanken über die Religion und einige andere Themen. Hrsg. von J.-R. Armogathe. Aus dem Französischen übersetzt von U. Kunzmann. Reclams Universal-Bibliothek

Pech KU (2008). Vom Biedermeier zum Realismus. In: R. Wild (Hrsg.): Geschichte der deutschen Kinder- und Jugendliteratur (S. 131-170). J.B. Metzler

Plutarch (2017). Die Kunst zu leben. Ausgewählt und übersetzt von Marion Giebel. Insel Taschenbuch

Price M (2015). Napoleon. Der Untergang. Siedler

Rose S u. a. (2002). Psychological debriefing for preventing post traumatic stress disorder (PTSD). Cochrane Database Syst Rev CD000560

The Minimalists (2019). https://theminimalists.com

Vago DR, Zeidan F (2016). The brain on silent: mind wandering, mindful awareness, and states of mental tranquility. Annals of the New York Academy of Sciences 1373: 96–113

Velarde MD u. a. (2007). Health effects of viewing landscapes – Landscape types in environmental psychology. Urban Forestry & Urban Greening 6(4): 199–212

Verduyn P u. a. (2017). Do social network sites enhance or undermine subjective well-being? A critical review. Psychology, DOI: 10.1111/sipr.12033

Wagner A u. a. (2015). Introvision: Problemen gelassen ins Auge schauen. Kohlhammer

Notfallset Ruhe

Marc Aurel (2018). Wege zu sich selbst. Nikol

Ward et al. (2017). Brain drain: The mere presence of one's own smartphone reduces available cognitive capacity. Journal of the Association for Consumer Research 2:2 140–154, http://dx.doi.org/10.1086/691462

Zum Schluss

De la Boétie E (2016) Abhandlung über die freiwillige Knechtschaft: Essay. Limbus Preziosen

Kleber S (2009). Heideggers Gelassenheit in einer globalisierten Welt. Seminararbeit an der Universität Ulm

Okolowitz H (6.12.2019). Heidegger Bootleg: Gelassenheit und Technik. www.griffl.org

Bibliografische Information der Deutschen Nationalbibliothek
Die Deutsche Nationalbibliothek verzeichnet diese Publikation in der deutschen
Nationalbibliografie; detaillierte bibliografische Daten sind im Internet über
https://dnb.de abrufbar.

ISBN 978-3-8426-3040-6 (Print)
ISBN 978-3-8426-3041-3 (PDF)
ISBN 978-3-8426-3042-0 (EPUB)

Originalausgabe

© 2021 humboldt
Die Ratgebermarke der Schlüterschen Verlagsgesellschaft mbH & Co. KG
Hans-Böckler-Allee 7, 30173 Hannover
www.humboldt.de
www.schluetersche.de

Aus Gründen der besseren Lesbarkeit wurde in diesem Buch die männliche Form gewählt,
nichtsdestoweniger beziehen sich Personenbezeichnungen gleichermaßen auf Angehörige
des männlichen und weiblichen Geschlechts sowie auf Menschen, die sich keinem Geschlecht
zugehörig fühlen.

Autor und Verlag haben dieses Buch sorgfältig erstellt und geprüft. Für eventuelle Fehler
kann dennoch keine Gewähr übernommen werden. Weder Autorin noch Verlag können
für eventuelle Nachteile oder Schäden, die aus in diesem Buch vorgestellten Erfahrungen,
Meinungen, Studien, Methoden und praktischen Hinweisen resultieren, eine Haftung
übernehmen. Insgesamt bieten alle vorgestellten Inhalte und Anregungen keinen Ersatz
für eine medizinische Beratung, Betreuung und Behandlung.

Etwaige geschützte Warennamen (Warenzeichen) werden nicht besonders kenntlich gemacht.
Daraus kann nicht geschlossen werden, dass es sich um freie Warennamen handelt.

Lektorat: wort & tat, Linda Strehl, München
Covergestaltung: ZERO, München
Covermotiv: shutterstock – Visions-AD
Satz: PER MEDIEN & MARKETING GmbH, Braunschweig
Druck und Bindung: gutenberg beuys feindruckerei GmbH, Langenhagen